하나님은
한 분이시다

성도를 이단으로부터 100% 지켜주는 책

하나님은
한 분이시다

주종철, 주성대
지음

"여호와는 아버지의 이름입니다."

초대교회 바울 사도와 예수님의 제자인 사도들이 전한 복음의 하나님은
삼위일체(三位一體) 하나님이 아니라 한 분 하나님입니다.

바른북스

하나님이 주신 사람

주 예수님을 바로 아는 신앙고백

예수님은 누구십니까?

하나님은 한 분이시며 사람의 형상(형체)을 하고 계시고 전능하셔서 천지 만물을 창조하신 분입니다.

그러므로 예수님은 여호와 하나님 아버지 전체가 다 하늘에서 이 땅에 내려오시어

마리아의 배 속에서 사람이 되신 분이기 때문에 곧 아들이요, 영존하신 아버지요, 성령이십니다.

예수님이 하나님이시면서 사람이신 이유는 여호와 하나님이 직접 오셔서 사람이 되셨기 때문에 예수님과 아버지는 하나이시고 하나이신 예수 안에서 아버지는 하나님이시고 예수님은 하나님의 아들이십니다.

하나님이 사람이 되셔서 전 인류의 죄를 담당하시기 위해 십자가에 못 박혀 죽으시고 삼일 만에 부활하셨기 때문에 내가 예수님과 함께 죽었다고 믿는 자들의 죄가 깨끗하게 되는 것이요.

그 깨끗하게 된 자들에게 승천하시어 보좌에 앉으신 그리스도께서 그리스도의 영으로 믿는 자들 속에 들어오시어 믿는 자를 대신하여 사시므로 믿는 자들로 믿는 자 속에 계시는 그리스도의 영 때문에 하나님의 아들들이 되게 하시는 분이 예수 그리스도입니다.

아멘

기독교란

한 분 하나님이 하나님의 아들이 되고 아내가 되고 또 아들들이 되시는 것이다.

하나님의 경륜

하나님의 경륜이란?

하나님의 행정과 경영하심인데 하나님이 자신의 형상과 모양대로 지으신 사람들에게 자신의 생명을 주어 분배하심으로 경영하신다.

주 예수로 부요하게 되는 법

주 예수님을 찬양합니다. 나는 주 예수님으로 말미암아 주 예수님의 생명을 받고 재림예수가 된 하나님의 아들이라고 항상 부르고 고백하는 것이다.

하나님의 아들이 되는 믿음의 5대 원칙

1. 하나님은 사람의 형체로 계신다.

2. 하나님은 한 분이시다.

3. 일위일체로 계신 하나님께서 하나님의 한 본질 곧 생명을 분배하시기 위해 삼위로 일하신다. 그러므로 예수님은 여호와 하나님 아버지 전체가 다 하늘에서 이 땅에 내려오시어 마리아의 배 속에서 사람이 되신 하나님의 아들이시다.

4. 이 사람이신 예수님이 십자가에서 죽으실 때 나도 함께 죽었다고 믿어야 한다.

5. 이상에서 언급한 하나님을 시인하고 믿음으로 그리스도가 두 번째 오셔서 내 안에 들어와 사시므로 내 안에 사시는 예수 그리스도로 말미암아 나는 주 예수가 되었다.

하나님을 쉽게 알 수 있는 용어에 대한 정의

1. 하나님의 정의

하나님이란? - 영계와 우주를 포함한 물질의 세계를 창조하시고 영체로서 사람의 형체로 계시는 분으로서 영원 전부터 스스로 계시는 단 하나밖에 없는 지존자의 생명을 하나님이라고 합니다.

2. 아버지 하나님의 정의

아버지란? - 사람의 형체를 하고 계시며 창조되지 않고 스스로 계시면서 속에 생명과 생각을 가지고 계신 분을 아버지라고 합니다.

3. 믿음의 정의

믿음이란? - 나에게 없는 하나님을 믿음으로 나에게 실재가 되게 하는 것입니다.

4. 무엇이 성령인가?

사람의 형체(형상)를 하고 있는 아버지 하나님의 생명이 활동을 하면 성령입니다.

5. 무엇이 말씀인가?

사람의 형체(형상)를 하고 있는 아버지 속에 있는 생명이 생명 안에 있는 생각을 통하여 입으로 말하면 이것을 말씀이라고 합니다.(창1:26, 겔 1:26~28)

6. 영생의 정의

영생이란? - 창조되지 않은 아버지 하나님의 생명을 영생이라고 합니다.
〔참고〕 **천사도 영원히 살지만 피조되었기 때문에 영생이라고 하지 않고, 사람도 영원히 살지만 피조되었기 때문에 영생이라고 하지 않습니다.**

7. 교회의 정의

교회란? - 한 분 하나님 아버지의 생명의 성분으로만 채워진 사람들이 모인 곳이 교회입니다.

8. 예배의 정의

신령한 예배란? - 하나님 아버지의 친아들 주 예수가 되어 예배하는 것입니다.
〔참고〕 **하나님을 최고로 기쁘게 해드리는 것이 예배입니다.**

9. 그리스도의 정의

그리스도란? - 아버지의 생명이신 성령이 동정녀 마리아에게서 나신 예수라는 사람 속에 들어가 사람이신 예수의 생명과 하나된 생명으로 예수님께서 십자가에서 죽으실 때 아버지 속으로 가셨다가 "내가 그리스도와 함께 십자가에서 죽었다"고 믿는 자들 속으로 두 번째 오셔서 믿는 자들로 하나님의 아들들이 되게 하는 아버지의 생명(영)입니다.

10. 아버지와 아들의 관계

아버지와 아들은 ① 형체(형상)가 같고 ② 피가 같고 ③ 생명이 같고 ④ 본질이 같고 ⑤ 속성이 같아야 합니다.
[참고] 모든 것이 아버지와 똑같은 것이 아들입니다.

11. 예수 그리스도와 그리스도 예수의 차이

① 예수 그리스도 : 마리아가 낳은 원조 예수 그리스도를 지칭할 때
② 그리스도 예수 : 부활하신 예수 그리스도께서 믿는 사람들 속에 들어와 그 사람의 존재가 되고, 실재가 되고, 내용이 된 그 그리스도를 지칭할 때

12. 구원의 정의

구원이란? - 첫 사람 아담이 두 번째 아담인 예수 그리스도로 존재가 바뀌는 것이 구원입니다.
[참고] 구원에 이르게 하기 위해 그리스도가 두 번째 오셔서 믿는 사람 속으로 오시는 것입니다.(히9:28, 갈2:20, 골3:3-4)

13. 세례에 대한 정의

세례란? - 그 존재 안으로 잠기는 것입니다.

14. 여호와 하나님의 아내가 누구입니까?

하나님의 영이 들어가 있는 땅이 여호와 하나님의 아내입니다.(사62:4, 고후11:2)

[참고] 첫 사람 아담은 하나님의 영이 들어가 있지 않으므로 하나님의 아내가 아닙니다.

15. 복음의 정의

복음이란? - 첫 사람 아담이 둘째 사람 예수 그리스도로 존재가 바뀌어 믿는 자들이 주 예수가 되는 것입니다.

16. 주 예수의 정의

하나님의 형상대로 지음 받고 살아있는 육체를 가진 사람 속에 아버지의 생명이 있는 사람이 주 예수입니다.

17. 영의 정의

영이란? - 영체로 사람의 형체를 하고 있으며 영원히 죽지 않고 사는 존재입니다.

목차

하나님이 주신 사람(악보)
주 예수님을 바로 아는 신앙고백
하나님의 아들이 되는 믿음의 5대 원칙
하나님을 쉽게 알 수 있는 용어에 대한 정의

1.
하나님은 한 분이시다

1. 여호와만 한 분 하나님이십니다_018 2. 여호와는 아버지의 이름입니다_020 3. 하나님은 아버지의 성(姓) 곧 생명입니다_028 4. 하나님은 사람의 형체(형상)로 계십니다_031

2.
아버지가 하나님이시기 때문에
하나님은 한 분이십니다

1. 오직 하나인 생명이 곧 '하나님'입니다_040 2. 아버지가 하나님이시기 때문에 하나님은 한 분입니다_043 3. 아버지의 생명인 영생을 주셔서 아들들을 얻으십니다_047 4. 예수 그리스도가 영생(靈生)입니다_054

3.
예수 그리스도는 누구십니까?

1. 예수 그리스도는 근본 하나님의 본체이십니다_060 2. 영원부터 계신 아들이 오신 것이 아니라 아버지가 아들을 낳으셨습니다_063 3. 말씀이 육신이 되셨을 때 아버지는 예수님 안에 계셨습니다_067 4. 십자가 이후에 예수님은 아버지 속으로 가셨습니다_074 5. 그리스도께서 구원을 이루시려고 아버지 속에서 믿는 자들 속으로 두 번째 오십니다_082 6. 예수 그리스도로 말미암아 하나님 아버지의 아들들을 얻으시는 것이 천지 창조의 목적입니다_091

4.
성령은 독자적으로 계시는 제 삼위의 하나님이 아니라 아버지 하나님의 생명의 활동입니다

1. 아버지 하나님 속에 있는 생명이 활동을 하시면 성령입니다_100 2. 성령은 독자적인 형체가 없고 독자적인 인격도 없습니다_105 3. 구약에는 성신, 신약에는 성령으로 기록되었습니다_108 4. 과정을 거치신 성령이 그리스도의 영입니다_112 5. 성령을 믿는 자들의 마음에 보증으로 주십니다_120

5.
'그'로서 일하시는 하나님을 알아야
한 분 하나님을 믿을 수 있습니다

1. 여호와 하나님이 '그'로 일하십니다_126 2. 여호와로 말미암아 여호와가 아닌 여호와가 '그'이신 예수 그리스도입니다_131 3. 예수님이 십자가에 달리신 후에야 예수님이 '그'이신 줄 알 수 있습니다_135 4. 그리스도께서 영으로 믿는 자들 안에 오시면 믿는 자들이 '그 그리스도'입니다_141 5. 믿는 자들이 하나님의 친아들이 되는 길을 막아버린 사도신경_149

6.
기독교의 역사(歷史) 가운데 나타난
성경과 다른 잘못된 신론(神論)

1. 사벨리우스주의(양태론적 단일신론)_162 2. 아리우스주의(유사본질로서의 삼위일체)_165 3. 양자설, 양자적 그리스도론, 역동적 군주신론(養子的 -論, 易動的君主信論)_171 4. 아타나시우스의 존재론적 삼위일체 삼신론_173

7.
일위일체로 계신 한 분 하나님이 삼위로 일하심으로 믿는 자들을 삼위일체 하나님들이 되게 하십니다

1. 여호와 하나님은 일위일체(一位一體)로 계십니다_182 2. 예수님이 성육신(成肉身)하시면 하나님은 이위이체(二位二體)로 계십니다_184 3. 예수님의 십자가 이후에 하나님은 이위일체(二位一體)로 계십니다_187 4. 부활하신 예수님은 아버지로 계십니다_190 5. 아버지 안으로 가신 예수님이 믿는 자 안에 그리스도의 영으로 두 번째 오십니다_192 6. 그리스도가 영으로 믿는 자들 안에 오실 때 반드시 성령(하나님의 영)이 함께 오십니다_195 7. 성령이 아버지로서 일위, 믿는 자 안에 오신 그리스도가 일위, 그리스도로 말미암아 하나님의 아들이 된 믿는 자들이 일위가 되어서 믿는 자 속에서 삼위일체가 이루어집니다_198

부록

아나타시우스의 삼위일체 신조 44
사람이 하나님이 되는 신조 68
주 예수님으로 말미암아 믿는 자들이 주 예수들이 되는 집회안내
사단법인 영원한복음총회 설립목적
법인설립허가증
후원계좌 안내

1.
하나님은 한 분이시다

1.
여호와만 한 분 하나님이십니다

기록된 성경 전체를 통틀어 가장 확실하고 분명하게 말씀하시는 것이 바로 "하나님은 한 분"이라는 것입니다. 특히 구약성경에는 오직 여호와만 한 분 하나님이시라고 말씀하고 있습니다.

"이스라엘아 들으라 우리 하나님 여호와는 오직 하나인 여호와시니"(신 6:4)

"6 이스라엘의 왕인 여호와, 이스라엘의 구속자인 만군의 여호와가 말하노라 나는 처음이요 나는 마지막이라 나 외에 다른 신이 없느니라 7 내가 옛날 백성을 세운 이후로 나처럼 외치며 고하며 진술할 자가 누구뇨 있거든 될 일과 장차 올 일을 고할지어다 8 너희는 두려워 말며 겁내지 말라 내가 예로부터 너희에게 들리지 아니하였느냐 고하지 아니하였느냐 너희는 나의 증인이라 나 외에 신이 있겠느냐 과연 반석이 없나니 다른 신이 있음을 알지 못하노라"(사44:6-8)

"네 구속자요 모태에서 너를 조성한 나 여호와가 말하노라 나는 만물을 지은 여호와라 나와 함께한 자 없이 홀로 하늘을 폈으며 땅을 베풀었고"(사44:24)

"5 나는 여호와라 나 외에 다른 이가 없나니 나밖에 신이 없느니라 너는 나를 알지 못하였을지라도 나는 네 띠를 동일 것이요 6 해 뜨는 곳에서든지 지는 곳에서든지 나밖에 다른 이가 없는 줄을 무리로 알게 하리라 나는 여호와라 다른 이가 없느니라 7 나는 빛도 짓고 어두움도 창조하며 나는 평안도 짓고 환난도 창조하나니 나는 여호와라 이 모든 일을 행하는 자니라 하였노라"(사45:5-7)

"여호와는 하늘을 창조하신 하나님이시며 땅도 조성하시고 견고케 하시되 헛되이 창조치 아니하시고 사람으로 거하게 지으신 자시니라 그 말씀에 나는 여호와라 나 외에 다른 이가 없느니라"(사45:18)

구약의 복음서라고 일컬어지는 이사야에 "나 외에 다른 신이 없느니라", "나와 함께 한 자 없이 홀로 하늘을 폈고 땅을 베풀었다"라고 말씀하시면서 여호와 하나님 외에는 다른 신이 없다고 여러 번 강조하고 있습니다. 신앙을 가진 자들이 그 믿음과 섬김의 대상이 되는 존재를 제대로 알지 못하고 섬기고 믿는다면 그 믿음은 헛것이 될 수밖에 없습니다. 그러므로 하나님을 믿는 신앙을 가진 자들은 자기가 믿는 하나님에 대해서 성경대로 정확하게 알고 믿어야 합니다. 그래야만 하나님의 모든 약속의 말씀이 실재가 되는 놀라운 은혜의 세계에 들어갈 수 있습니다. 육체가 죽은 다음 천국에 가서 누리는 것이 아니라 지금 현실 세계에서 하나님의 나라가 이루어지고(눅17:20-21) 하나님의 모든 충만하신 것으로 누리며 살 수 있는 것입니다(엡3:14-19). 성경이 분명하고 확실하게 말씀하고 있는 것은 오직 여호와만 한 분 하나님이라는 것입니다.

2.
여호와는 아버지의 이름입니다

하나님이 이스라엘 백성을 애굽에서 구원하시고자 모세를 부르셨을 때 모세에게 "나는 스스로 있는 자"라고 말씀하시고 또 "나는 아브라함의 하나님, 이삭의 하나님, 야곱의 하나님 여호와"라고 말씀하시면서 "이는 나의 영원한 이름이요 대대로 기억할 나의 표호"라고 하셨습니다.

"13 모세가 하나님께 고하되 내가 이스라엘 자손에게 가서 이르기를 너희 조상의 하나님이 나를 너희에게 보내셨다 하면 그들이 내게 묻기를 그의 이름이 무엇이냐 하리니 내가 무엇이라고 그들에게 말하리이까 14 하나님이 모세에게 이르시되 나는 스스로 있는 자니라 또 이르시되 너는 이스라엘 자손에게 이같이 이르기를 스스로 있는 자가 나를 너희에게 보내셨다 하라 15 하나님이 또 모세에게 이르시되 너는 이스라엘 자손에게 이같이 이르기를 나를 너희에게 보내신 이는 너희 조상의 하나님 곧 아브라함의 하나님, 이삭의 하나님, 야곱의 하나님 여호와라 하라 이는 나의 영원한 이름이요 대대로 기억할 나의 표호니라"(출3:13-15)

여호와는 하나님의 이름입니다. 구약성경에 '여호와'가 개역 한글 성경 기준으로 5,911구절에 기록되어 있는데 '하나님'이 2,394구절에 기록된 것을 보면 '하나님'보다는 '여호와'라는 이름으로 두 배 이상 많이 말씀하시고 일하셨다는 것을 알 수 있습니다. 물론 여호와가 하나님이시고 하나님이 곧 여호와이시기 때문에 "여호와로 일하시든 하나님으로 일하시든 무슨 상관이 있느냐"라고 할 사람도 분명 있을 것입니다. 그러나 여호와로 말씀하실 때와 하나님으로 말씀하실 때는 분명한 차이가 있습니다.

"1 여호와께서 마므레 상수리 수풀 근처에서 아브라함에게 나타나시니라 오정 즈음에 그가 장막문에 앉았다가 2 눈을 들어 본즉 사람 셋이 맞은편에 섰는지라 그가 그들을 보자 곧 장막문에서 달려나가 영접하며 몸을 땅에 굽혀 3 가로되 내 주여 내가 주께 은혜를 입었사오면 원컨대 종을 떠나 지나가지 마옵시고 4 물을 조금 가져오게 하사 당신들의 발을 씻으시고 나무 아래서 쉬소서 5 내가 떡을 조금 가져오리니 당신들의 마음을 쾌활케 하신 후에 지나가소서 당신들이 종에게 오셨음이니이다 그들이 가로되 네 말대로 그리하라"(창18:1-5)

여호와께서 아브라함에게 나타나셨는데 아브라함이 사람 셋을 보았다고 했습니다. 영으로서 사람의 형체를 하고 계시는 분을 말씀하실 때는 '여호와'라는 이름으로 기록하고 있습니다.

"6 아브라함이 급히 장막에 들어가 사라에게 이르러 이르되 속히 고운 가루 세 스아를 가져다가 반죽하여 떡을 만들라 하고 7 아브라함이 또 짐승 떼에 달려가서 기름지고 좋은 송아지를 취하여 하인에게 주니 그가 급히 요리한지라 8 아브라함이 뻐터와 우유와 하인이 요리한 송아지를 가져다가 그들의 앞에 진설하고 나무 아래 모셔 서매 그들이 먹으니라 9 그들이 아브라함에게 이르되 네 아내 사라가 어디 있느냐 대답하되 장막에 있나이다 10 그가 가라사대 기한이 이를 때에 내가 정녕 네게로 돌아오리니 네 아내 사라에게 아들이 있으리라 하시니 사라가 그 뒤 장막문에서 들었더라 11 아브라함과 사라가 나이 많아 늙었고 사라의 경수는 끊어졌는지라 12 사라가 속으로 웃고 이르되 내가 노쇠하였고 내 주인도 늙었으니 내게 어찌 낙이 있으리요 13 여호와께서 아브라함에게 이르시되 사라가 왜 웃으며 이르기를 내가 늙었거늘 어떻게 아들을 낳으리요 하느냐 14 여호와께 능치 못한 일이 있겠느냐 기한이 이를 때에 내가 네게로 돌아오리니 사라에게 아들이 있으리라" (창18:6-14)

이어지는 말씀에서도 여호와께서 아브라함에게 말씀하셨다고 기록하고 있습니다. 그런데 똑같이 여호와께서 나타나셨지만 말씀은 하나님이 하셨다고 기록한 곳이 있습니다.

"1 아브람의 구십구 세 때에 여호와께서 아브람에게 나타나서 그에게 이르시되 나는 전능한 하나님이라 너는 내 앞에서 행하여 완전하라 2 내가 내 언약을 나와 너 사이에 세워 너로 심히 번성케 하리라 하시니 3 아브람이 엎드린대 하나님이 또 그에게 일러 가라사대 4 내가 너와 내 언약을 세우니 너는 열국의 아비가 될지라 5 이제 후로는 네 이름을 아브람이라 하지 아니하고 아브라함이라 하리니 이는 내가 너로 열국의 아비가 되게 함이니라 6 내가 너로 심히 번성케 하리니 나라들이 네게로 좇아 일어나며 열왕이 네게로 좇아 나리라 7 내가 내 언약을 나와 너와 네 대대 후손의 사이에 세워서 영원한 언약을 삼고 너와 네 후손의 하나님이 되리라 8 내가 너와 네 후손에게 너의 우거하는 이 땅 곧 가나안 일경으로 주어 영

원한 기업이 되게 하고 나는 그들의 하나님이 되리라"(창17:1-8)

창세기 17장 1절에는 분명히 여호와께서 아브라함에게 나타나서 "나는 전능한 하나님이라 너는 내 앞에서 행하여 완전하라"고 말씀하셨습니다. 그런데 2절에 언약을 말씀하시고 3절부터는 하나님으로 말씀하시는 것을 볼 수 있습니다. 이어지는 말씀에서도 할례를 행하라고 말씀하시면서 "내 언약이 너희 살에 있어 영원한 언약이 되리라"고 말씀하시는데 하나님이 말씀하셨다고 했습니다.

"9 하나님이 또 아브라함에게 이르시되 그런즉 너는 내 언약을 지키고 네 후손도 대대로 지키라 10 너희 중 남자는 다 할례를 받으라 이것이 나와 너희와 너희 후손 사이에 지킬 내 언약이니라 11 너희는 양피를 베어라 이것이 나와 너희 사이의 언약의 표징이니라 12 대대로 남자는 집에서 난 자나 혹 너희 자손이 아니요 이방 사람에게서 돈으로 산 자를 무론하고 난 지 팔 일 만에 할례를 받을 것이라 13 너희 집에서 난 자든지 너희 돈으로 산 자든지 할례를 받아야 하리니 이에 내 언약이 너희 살에 있어 영원한 언약이 되려니와 14 할례를 받지 아니한 남자 곧 그 양피를 베지 아니한 자는 백성 중에서 끊어지리니 그가 내 언약을 배반하였음이니라"(창17:9-14)

하나님이 아브라함에게 하신 언약은 아브라함에게만 하신 것이 아니라 아브라함의 후손들에게도 하신 것이기 때문에 이름인 여호와가 아니라 성(姓) 곧 생명인 하나님으로 말씀하신 것입니다. 이제 아브라함의 자손은 유대인들을 말하는 것이 아니라 아브라함과 같은 믿음을 가진 사람들이라고 사도 바울이 말씀하고 있습니다.

"6 아브라함이 하나님을 믿으매 이것을 그에게 의로 정하셨다 함과 같으니라 7 그런즉 믿음으로 말미암은 자들은 아브라함의 아들인 줄 알지어다 8 또 하나님이 이방을 믿음으로 말미암아 의로 정하실 것을 성경이 미리 알고 먼저 아브라함에게 복음을 전하되 모든 이방이 너를 인하여 복을 받으리라 하였으니 9 그러므로 믿음으로 말미암은 자는 믿음이 있는 아브라함과 함께 복을 받느니라" (갈3:6-9)

하나님의 약속은 아브라함과 그 자손에게 말씀하신 것이므로 아브라함에게 말씀하신 할례의 언약이 이제는 그리스도로 말미암아 모든 믿는 자들에게 육적 몸을 벗는 그리스도의 할례로 영원한 언약이 되었습니다.

"8 누가 철학과 헛된 속임수로 너희를 노략할까 주의하라 이것이 사람의 유전과 세상의 초등 학문을 좇음이요 그리스도를 좇음이 아니니라 9 그 안에는 신성의 모든 충만이 육체로 거하시고 10 너희도 그 안에서 충만하여졌으니 그는 모든 정사와 권세의 머리시라 11 또 그 안에서 너희가 손으로 하지 아니한 할례를 받았으니 곧 육적 몸을 벗는 것이요 그리스도의 할례니라 12 너희가 세례로 그리스도와 함께 장사한 바 되고 또 죽은 자들 가운데서 그를 일으키신 하나님의 역사를 믿음으로 말미암아 그 안에서 함께 일으키심을 받았느니라" (골2:8-12)

구약에 5,911구절에 여호와로 말씀하시고 일하신 것이 기록된 하나님이 신약에는 단 한 번도 여호와라는 이름으로 말씀하지 않으시고 아버지로 247구절에 말씀하고 있습니다. 여호와가 나의 영원한 이름이라고 말씀하셨는데 왜 신약에는 단 한 번도 말씀하지 않으셨을까요? 혹자들은 구약의 여호와 하나님과 신약의 하나님 아버지가 다른 분이라고 하는 자들도 있습니다. 그러나 구약의 여호와 하나님이 바로 신약의 아버지 하나님이십니다.

"7 또 기도할 때에 이방인과 같이 중언부언하지 말라 저희는 말을 많이 하여야 들으실 줄 생각하느니라 8 그러므로 저희를 본받지 말라 구하기 전에 너희에게 있어야 할 것을 하나님 너희 아버지께서 아시느니라"(마6:7-8)
"썩는 양식을 위하여 일하지 말고 영생하도록 있는 양식을 위하여 하라 이 양식은 인자가 너희에게 주리니 인자는 아버지 하나님의 인치신 자니라"(요6:27)

구약에는 여호와를 하나님이라고 했는데 신약에는 아버지가 하나님이라고 하십니다. 예수님께서 아버지가 하나님이시라고 말씀하셨습니다. 여호와와 아버지가 같은 분이라는 말씀입니다. 구약에는 하나님의 아들이 없었기 때문에 '여호와'라는 이름으로 말씀하시고 일하셨지만 하나님의 아들이신 예수 그리스도께서 나신 후로는 아버지로 말씀하시고 일하십니다.

"3 찬송하리로다 하나님 곧 우리 주 예수 그리스도의 아버지께서 그리스도 안에서 하늘에 속한 모든 신령한 복으로 우리에게 복 주시되 4 곧 창세 전에 그리스도 안에서 우리를 택하사 우리로 사랑 안에서 그 앞에 거룩하고 흠이 없게 하시려고 5 그 기쁘신 뜻대로 우리를 예정하사 예수 그리스도로 말미암아 자기의 아들들이 되게 하셨으니 6 이는 그의 사랑하시는 자 안에서 우리에게 거저 주시는바 그의 은혜의 영광을 찬미하게 하려는 것이라"(엡1:3-6)

하나님 아버지께서 아들이신 예수 그리스도를 세상에 보내신 목적은 예수 그리스도로 말미암아 많은 하나님의 아들들을 얻기 위함입니다.

"로마에 있어 하나님의 사랑하심을 입고 성도로 부르심을 입은 모든 자에게 하나님 우리 아버지와 주 예수 그리스도로 좇아 은혜와 평강이 있기를 원하노라"(롬1:7)

"하나님 우리 아버지와 주 예수 그리스도로 좇아 은혜와 평강이 있기를 원하노라"(고전1:3)

"하나님 우리 아버지와 주 예수 그리스도로 좇아 은혜와 평강이 있기를 원하노라"(고후1:2)

"1 사람들에게서 난 것도 아니요 사람으로 말미암은 것도 아니요 오직 예수 그리스도와 및 죽은 자 가운데서 그리스도를 살리신 하나님 아버지로 말미암아 사도 된 바울은 2 함께 있는 모든 형제로 더불어 갈라디아 여러 교회들에게 3 우리 하나님 아버지와 주 예수 그리스도로 좇아 은혜와 평강이 있기를 원하노라"(갈1:1-3)

"1 하나님의 뜻으로 말미암아 그리스도 예수의 사도 된 바울은 에베소에 있는 성도들과 그리스도 예수 안의 신실한 자들에게 편지하노니 2 하나님 우리 아버지와 주 예수 그리스도로 좇아 은혜와 평강이 너희에게 있을지어다"(엡1:1-2)

"1 그리스도 예수의 종 바울과 디모데는 그리스도 예수 안에서 빌립보에 사는 모든 성도와 또는 감독들과 집사들에게 편지하노니 2 하나님 우리 아버지와 주 예수 그리스도에게로서 은혜와 평강이 너희에게 있을지어다"(빌1:1-2)

"1 하나님의 뜻으로 말미암아 그리스도 예수의 사도 된 바울과 형제 디모데는 2 골로새에 있는 성도들 곧 그리스도 안에서 신실한 형제들에게

편지하노니 우리 아버지 하나님으로부터 은혜와 평강이 너희에게 있을지어다"(골1:1-2)

사도 바울이 기록한 서신의 서두에 예수님께서 아버지라고 부르신 하나님을 우리 아버지라고 기록하고 있습니다. 사도 바울은 계시로 비밀을 깨달은 사람입니다(갈1:11-12, 엡3:3-4). 그래서 하나님의 하실 일에 대한 비밀을(골1:26-27, 2:2) 편지로 기록했는데 이것이 우리에게 성경이 되었습니다. 왜 구약에 '여호와'라는 이름으로 일하신 하나님께서 신약에 아버지로 말씀하셨는가에 대한 것은 다음 장에서 더 자세히 다루도록 하겠습니다.

3.
하나님은 아버지의 성(姓) 곧 생명입니다

    성경에 나오는 아담, 노아, 아브라함, 이삭, 야곱, 야곱의 12명의 아들들, 기드온, 삼손, 갈렙, 사울, 다윗, 솔로몬, 등등… 많은 사람들의 이름이 기록되어 있지만 성(姓)이 기록되어 있는 사람은 한 사람도 없습니다. 왜 성경에 등장하는 인물들은 성(姓)이 없이 이름만 기록되었을까요? 그 이유는 모든 사람의 성(姓)이 하나님이 되게 하는 것이 아버지의 뜻이기 때문입니다. 사람이 자식을 낳으면 그 자식의 이름을 지어주고 성도 물려줍니다. 자식이 아버지의 성을 따르는 것은 아버지의 생명을 받았다는 증거입니다. 아버지의 이름이 여호와이시고 성이 하나님이시므로 믿는 자들에게 아버지의 성인 하나님을 주시는 것입니다. 구약에는 '여호와'라는 이름으로 말씀하시고 일하신 하나님이 신약에는 아버지로 말씀하시고 일하셨는데 하나님으로는 구약에 2,394구절, 신약에 1,189구절이 기록되어 있습니다. 하나님은 아버지의 성(姓) 곧 생명이기 때문에 구약이나 신약이나 동일하게 '하나님'으로 말씀하시고 일하시는 것입니다.

    "34 예수께서 가라사대 너희 율법에 기록한바 내가 너희를 신이라 하였노라 하지 아니하였느냐 35 성경은 폐하지 못하나니 하나님의 말씀을 받은 사람들을 신이라 하셨거든"(요10:34-35)

"1 태초에 말씀이 계시니라 이 말씀이 하나님과 함께 계셨으니 이 말씀은 곧 하나님이시니라 2 그가 태초에 하나님과 함께 계셨고 3 만물이 그로 말미암아 지은 바 되었으니 지은 것이 하나도 그가 없이는 된 것이 없느니라"(요1:1-3)

"너희가 거듭난 것이 썩어질 씨로 된 것이 아니요 썩지 아니할 씨로 된 것이니 하나님의 살아 있고 항상 있는 말씀으로 되었느니라"(벧전1:23)

말씀을 받은 사람들을 신이라 하셨습니다. 말씀이 곧 하나님입니다. 말씀이 하나님이시므로 말씀을 받은 사람들도 하나님이 되는 것입니다. 신은 하나님 한 분밖에 없습니다. 그런데 말씀을 받은 자들도 신이 된다고 했습니다. 사람이 자식을 낳으면 사람을 낳는 것처럼 하나님이 아들을 낳으시면 당연히 하나님이어야 합니다.

"창세로부터 그의 보이지 아니하는 것들 곧 그의 영원하신 능력과 신성이 그 만드신 만물에 분명히 보여 알게 되나니 그러므로 저희가 핑계치 못할지니라"(롬1:20)

지으신 만물에 그의 영원하신 능력과 신성이 분명히 보여 안다고 했습니다. 하나님이 만드신 만물을 보면 하나님의 살아 계심과 하시는 일을 알 수 있다는 말씀입니다. 모든 살아 있는 만물은 자기와 똑같은 존재를 낳습니다. 그래야 종족이 보존될 수 있기 때문입니다. 하나님도 하나님을 낳아야 하나님의 나라가 세워질 수 있습니다. 하나님들이 모인 것이 하나님의 나라입니다. 하나님이 아들을 낳았는데 하나님이 아닌 것이 참람한 것입니다.

"하나님이 하나님의 회 가운데 서시며 재판장들 중에서 판단하시되"
(시82:1)

"내가 말하기를 너희는 신들이며 다 지존자의 아들들이라 하였으나"
(시82:6)

하나님이 하나님의 회(會) 가운데 서셨다고 했는데 하나님의 회(會)는 하나님들이 모인 것입니다. 이 하나님들이 바로 지존자의 아들들이며 신들이라고 말씀하고 있습니다. 지존자는 스스로 계시는 창조주 한 분 하나님이십니다.

4.
하나님은 사람의 형체(형상)로 계십니다

 하나님이 사람의 형체로 계시는 것을 알지 못하는 자들은 절대로 구원을 받을 수 없습니다. 살아 계신 하나님을 믿어야 하나님 아버지의 생명을 받을 수 있습니다. 형체가 없는 하나님을 믿는 자들은 생명을 받을 길이 없습니다. 형체가 없는 하나님은 살아 계신 하나님이 아니기 때문입니다. 하나님이 지으신 모든 만물 중에 생명이 있는 것은 반드시 형체가 있습니다. 눈에 보이지 않는 세균이나 박테리아 같은 미생물도 현미경을 통해 보면 각자 고유의 형체가 있습니다. 왜냐하면 생명이 형체 안에 있기 때문입니다.

 "아버지께서 자기 속에 생명이 있음같이 아들에게도 생명을 주어 그 속에 있게 하셨고" (요5:26)

 생명이 형체 안에 있기 때문에 아버지 속에 있는 생명을 아들에게 주어 그 속에 있게 하셨다고 말씀하고 있습니다. 하나님은 형체가 없고 공기와 같이 천지에 충만하신 분이라는 주장을 하고 교리로 만들어서 믿는 기독교인들이 있습니다. 산소나 수소, 질소 같은 기체 상태로 존재하는 물질들이 있는데 이런 물질들은 대부분 무색, 무미, 무취, 무형이라는 특성을 갖고 있습니다. 그래서 존재는 하지만 우리가 볼 수 없고 만질 수 없고 냄새를 맡을 수도 없고 느낄 수도 없는데 과학을 통해서 존재한다는 것은 알고 있습니다. 이와 같이 하나님은 존재는 하시지만 우리가 볼 수도 만질 수도 없다고 설명하려는 사람들이 있습니다. "하나님은 안 계시는 곳이 없이 어디에나 계신다"라고 하면서 무소부재(無所不在)이신 하나님이라고 합니다.

"나 여호와가 말하노라 사람이 내게 보이지 아니하려고 누가 자기를 은밀한 곳에 숨길 수 있겠느냐 나 여호와가 말하노라 나는 천지에 충만하지 아니하냐"(렘23:24)
"7 내가 주의 신을 떠나 어디로 가며 주의 앞에서 어디로 피하리이까 8 내가 하늘에 올라갈지라도 거기 계시며 음부에 내 자리를 펼지라도 거기 계시니이다 9 내가 새벽 날개를 치며 바다 끝에 가서 거할지라도 10 곧 거기서도 주의 손이 나를 인도하시며 주의 오른손이 나를 붙드시리이다"
(시139:7-10)

예레미야 23장 24절 말씀이나 시편 139편 7~10절 말씀은 하나님이 형체(형상)가 없이 공기와 같이 천지에 충만하신 분이라는 뜻이 아니라 그분의 주권과 통치하심과 다스리심이 안 미치는 곳이 없다는 뜻입니다.

"그들이 날이 서늘할 때에 동산에 거니시는 여호와 하나님의 음성을 듣고 아담과 그 아내가 여호와 하나님의 낯을 피하여 동산 나무 사이에 숨은지라"(창3:8)

선악과를 따 먹고 범죄 한 아담과 하와에게 여호와 하나님이 오셨는데 동산에 거니신다고 했으므로 여호와 하나님이 다리가 있다는 뜻이고 아담과 하와가 여호와 하나님의 낯(얼굴)을 피했다고 했으므로 얼굴도 있다는 뜻입니다.

"1 여호와께서 마므레 상수리 수풀 근처에서 아브라함에게 나타나시니라 오정 즈음에 그가 장막문에 앉았다가 2 눈을 들어 본즉 사람 셋이 맞은편에 섰는지라 그가 그들을 보자 곧 장막문에서 달려나가 영접하며 몸을 땅에 굽혀" (창18:1-2)

아브라함에게 여호와께서 나타나셨는데 사람 셋이 왔다고 했습니다. 여호와께서 두 천사를 데리고 아브라함에게 나타나셨는데 사람의 형상으로 나타나셨습니다.

"18 모세가 가로되 원컨대 주의 영광을 내게 보이소서 19 여호와께서 가라사대 내가 나의 모든 선한 형상을 네 앞으로 지나게 하고 여호와의 이름을 네 앞에 반포하리라 나는 은혜 줄 자에게 은혜를 주고 긍휼히 여길 자에게 긍휼을 베푸느니라 20 또 가라사대 네가 내 얼굴을 보지 못하리니 나를 보고 살 자가 없음이니라 21 여호와께서 가라사대 보라 내 곁에 한 곳이 있으니 너는 그 반석 위에 섰으라 22 내 영광이 지날 때에 내가 너를 반석 틈에 두고 내가 지나도록 내 손으로 너를 덮었다가 23 손을 거두리니 네가 내 등을 볼 것이요 얼굴은 보지 못하리라" (출33:18-23)

모세가 여호와 하나님께 "주의 영광을 내게 보이소서"라고 하자 여호와께서 나의 모든 선한 형상을 네 앞으로 지나게 하신다고 했고 네가 내 얼굴을 보지 못하고 내 등을 볼 것이라고 말씀하셨습니다.

"26 그 머리 위에 있는 궁창 위에 보좌의 형상이 있는데 그 모양이 남보석 같고 그 보좌의 형상 위에 한 형상이 있어 사람의 모양 같더라 27 내가 본즉 그 허리 이상의 모양은 단 쇠 같아서 그 속과 주위가 불 같고 그 허리 이하의 모양도 불 같아서 사면으로 광채가 나며 28 그 사면 광채의 모양은 비 오는 날 구름에 있는 무지개 같으니 이는 여호와의 영광의 형상의 모양이라 내가 보고 곧 엎드리어 그 말씀하시는 자의 음성을 들으니라"(겔1:26-28)

에스겔이 사람의 형상으로 보좌에 앉아 계시는 여호와 하나님을 보았습니다.

"미가야가 가로되 그런즉 왕은 여호와의 말씀을 들으소서 내가 보니 여호와께서 그 보좌에 앉으셨고 하늘의 만군이 그 좌우편에 모시고 서 있는데"(왕상22:19)

미가야가 여호와께서 보좌에 앉으셨고 하늘의 만군이 그 좌우편에 모시고 서 있는 것을 보았습니다.

"9 모세와 아론과 나답과 아비후와 이스라엘 장로 칠십 인이 올라가서 10 이스라엘 하나님을 보니 그 발 아래에는 청옥을 편 듯하고 하늘같이 청명하더라 11 하나님이 이스라엘의 존귀한 자들에게 손을 대지 아니하셨고 그들은 하나님을 보고 먹고 마셨더라"(출24:9-11)

모세와 아론과 나답과 아비후와 이스라엘의 장로 70인이 하나님을 보고 먹고 마셨다고 했습니다.

"9 내가 보았는데 왕좌가 놓이고 옛적부터 항상 계신 이가 좌정하셨는데 그 옷은 희기가 눈 같고 그 머리털은 깨끗한 양의 털 같고 그 보좌는 불꽃이요 그 바퀴는 붙는 불이며 10 불이 강처럼 흘러 그 앞에서 나오며 그에게 수종하는 자는 천천이요 그 앞에 시위한 자는 만만이며 심판을 베푸는데 책들이 펴 놓였더라"(단7:9-10)

다니엘이 옛적부터 항상 계신 이가 왕좌에 좌정하신 것을 보았습니다.

"1 웃시야 왕의 죽던 해에 내가 본즉 주께서 높이 들린 보좌에 앉으셨는데 그 옷자락은 성전에 가득하였고 2 스랍들은 모셔 섰는데 각기 여섯 날개가 있어 그 둘로는 그 얼굴을 가리었고 그 둘로는 그 발을 가리었고 그 둘로는 날며 3 서로 창화하여 가로되 거룩하다 거룩하다 거룩하다 만군의 여호와여 그 영광이 온 땅에 충만하도다 4 이같이 창화하는 자의 소리로 인하여 문지방의 터가 요동하며 집에 연기가 충만한지라 5 그 때에 내가 말하되 화로다 나여 망하게 되었도다 나는 입술이 부정한 사람이요 입술이 부정한 백성 중에 거하면서 만군의 여호와이신 왕을 뵈었음이로다"(사6:1-5)

이사야가 높이 들린 보좌에 앉으신 만군의 여호와이신 왕을 보았다고 했습니다. 여호와 하나님을 본 사람들이 이렇게 많은데 여호와 하나님이 형상이 없다면 이 사람들은 무엇을 본 것입니까? 여호와 하나님은 사람의 형체(형상)로 계십니다. 이 사실을 성경대로 바로 알아야 믿는 자들이 하나님의 아들들이 될 수 있습니다. 왜냐하면 믿는 자들로 하나님의 아들들이 되게 하시려고 사람을 하나님의 형상과 모양대로 지으셨기 때문입니다.

> "26 하나님이 가라사대 우리의 형상을 따라 우리의 모양대로 우리가 사람을 만들고 그로 바다의 고기와 공중의 새와 육축과 온 땅과 땅에 기는 모든 것을 다스리게 하자 하시고 27 하나님이 자기 형상 곧 하나님의 형상대로 사람을 창조하시되 남자와 여자를 창조하시고" (창1:26-27)

하나님께서 사람을 지으신 목적이 하나님의 아들들이 되게 하시는 것이므로 하나님의 형상을 따라 모양대로 지었다고 말씀하셨습니다(엡1:3-6). 아버지와 아들은 첫째 형상이 같아야 합니다. 아버지와 형상이 다른 아들은 존재할 수 없습니다. 둘째 생명이 같아야 합니다. 그래서 영원한 때 전에 믿는 자들에게 영생을 주시기로 계획하셨고 약속하셨습니다.

> "영생의 소망을 인함이라 이 영생은 거짓이 없으신 하나님이 영원한 때 전부터 약속하신 것인데" (딛1:2)
> "하나님이 우리를 구원하사 거룩하신 부르심으로 부르심은 우리의 행위대로 하심이 아니요 오직 자기 뜻과 영원한 때 전부터 그리스도 예수 안에서 우리에게 주신 은혜대로 하심이라" (딤후1:9)

하나님이 영생을 영원한 때 전부터 약속하셨고 믿는 자들을 구원하시려고 영원한 때 전에 계획하셨다고 말씀하셨습니다. 여기서 '영원한 때'는 영계(靈界)가 지어진 때를 말하고 '영원한 때 전'이라 함은 그보다 더 전이라는 뜻입니다.

"20 능력이 있어 여호와의 말씀을 이루며 그 말씀의 소리를 듣는 너희 천사여 여호와를 송축하라 21 여호와를 봉사하여 그 뜻을 행하는 너희 모든 천군이여 여호와를 송축하라 22 여호와의 지으심을 받고 그 다스리시는 모든 곳에 있는 너희여 여호와를 송축하라 내 영혼아 여호와를 송축하라"(시103:20-22)

"모든 천사들은 부리는 영으로서 구원 얻을 후사들을 위하여 섬기라고 보내심이 아니뇨"(히1:14)

여호와의 말씀을 이루며 그 뜻을 행하는 능력이 있는 존재로 천사를 지으셨는데 모든 천사들은 부리는 영이라고 말씀하고 있습니다. 부리는 영으로서 천사들을 지으신 때가 바로 '영원한 때' 곧 영계(靈界)가 지어진 때입니다. 그리고 일꾼들인 천사들을 명령해서 말씀으로 우주를 포함한 물질계(物質界)를 지으셨습니다(요1:1-3). 그렇다면 영원한 때 전은 언제를 말하는 것일까요? 지음을 받은 피조물이 하나도 없을 때 곧 하나님이 창조의 사역을 시작하시기 전을 말합니다. 창조주이신 여호와 하나님이 홀로 계실 때입니다. 하나님께서는 이때 이미 믿는 자들에게 영생을 주셔서 자기의 아들들이 되게 하시려고 계획을 세우셨습니다. 그래서 사람을 지으실 때 하나님의 형상을 따라 모양대로 지으셨습니다.

2.
아버지가 하나님이시기 때문에 하나님은 한 분이십니다

1.
오직 하나인 생명이 곧 '하나님'입니다

　기독교는 '하느님' 곧 하늘에 계신 분을 믿는 것이 아니라 '하나님' 곧 오직 하나인 생명으로 계신 분을 믿는 것입니다. 하나님은 살아 계십니다. 살아 계신 분이므로 생명이 있습니다. 생명이 있는 분이므로 형체가 있습니다.

　"또 말하되 사시는 하나님이 너희 가운데 계시사 가나안 족속과 헷 족속과 히위 족속과 브리스 족속과 기르가스 족속과 아모리 족속과 여부스 족속을 너희 앞에서 정녕히 쫓아내실 줄을 이 일로 너희가 알리라" (수3:10)
　"오직 여호와는 참 하나님이시요 사시는 하나님이시요 영원한 왕이시라 그 진노하심에 땅이 진동하며 그 분노하심을 열방이 능히 당치 못하느니라" (렘10:10)
　"하나님의 성전과 우상이 어찌 일치가 되리요 우리는 살아 계신 하나님의 성전이라 이와 같이 하나님께서 가라사대 내가 저희 가운데 거하며 두루 행하여 나는 저희 하나님이 되고 저희는 나의 백성이 되리라 하셨느니라" (고후6:16)

하나님은 오직 하나인 생명으로 계시는 분이므로 한 분입니다. '하나님'이라는 호칭에 이미 하나님은 한 분이라는 뜻이 분명하게 들어 있습니다.

> "4 이스라엘아 들으라 우리 하나님 여호와는 오직 하나인 여호와시니 5 너는 마음을 다하고 성품을 다하고 힘을 다하여 네 하나님 여호와를 사랑하라"(신6:4-5)
>
> "5 주도 하나이요 믿음도 하나이요 세례도 하나이요 6 하나님도 하나이시니 곧 만유의 아버지시라 만유 위에 계시고 만유를 통일하시고 만유 가운데 계시도다"(엡4:5-6)
>
> "5 비록 하늘에나 땅에나 신이라 칭하는 자가 있어 많은 신과 많은 주가 있으나 6 그러나 우리에게는 한 하나님 곧 아버지가 계시니 만물이 그에게서 났고 우리도 그를 위하며 또한 한 주 예수 그리스도께서 계시니 만물이 그로 말미암고 우리도 그로 말미암았느니라"(고전8:5-6)

하나님을 국어사전에서 찾아보면,

하나님 : [기독교] '하느님'을 개신교에서 이르는 말.

하느님의 어원을 찾아보면,

'하느님'의 어원 : '하느님'은 '하늘'과 '님'이 결합하여 이루어진 단어이다. '하늘'이 본디 '하날['날'의 모음은 아래아(ㆍ)]'이어서, 국어의 변화에 따라 '하늘'로 되기도 하고 '하날'로 읽힌 적도 있어서, '하느님'과 '하나님'의 두 형태가 현대에 정착되었다. '하느님'은 일반적인 의미의 '신'을 가리키고, **'하나님'은 특정 종교에서 신봉하는 유일신을 가리키는 의미로** 쓰이므로, 결국 '하느님'은 두 가지 의미로 사용된다고 볼 수 있다(출처 : 21세기 세종계획 누리집, 한민족 언어 정보, 국어 어휘의 역사.).

성경을 모르는 사람들이 **하나님**을 "'하느님'에서 변형된 형태의 '신'을 가리키는 말로 특정 종교 곧 기독교에서 신봉하는 유일신을 가리키는 의미"라고 어원을 밝히고 있습니다. 오직 홀로 한 분이신 여호와를 하나님이라고 합니다. 하늘에 계시는 신이라서가 아니라 오직 유일한 신이기 때문에 **'하나님'**입니다. 그래서 성경에 근거한 하나님의 정확한 어원은 **'하나'**+**'님'**이 맞습니다. **'하나'**는 수사로서 "수효를 세는 맨 처음 수"라고 되어 있고, **'님'**은 의존명사로서 "지위나 자격, 신분을 나타내는 말 뒤에서 앞에 말을 높여 이르는 말"이라고 되어 있습니다. 국어의 문법에서는 수효를 세는 말인 수사에 '님'이라는 의존명사를 붙일 수 없지만, 오직 하나인 생명이시고 유일하신 분이시므로 **'하나님'**이라고 성경이 기록하고 있습니다.

2.
아버지가 하나님이시기 때문에 하나님은 한 분입니다

앞서 기록한 내용에서 하나님이 구약에는 '여호와'라는 이름으로 말씀하시고 일하셨는데 신약에는 '여호와'라는 이름이 아닌 아버지로서 말씀하시고 일하신다고 했습니다. 하나님의 아들이신 예수 그리스도께서 동정녀 마리아에게 성령으로 잉태된 때부터 하나님은 '여호와'가 아니라 아버지로 말씀하십니다. 그 이유는 하나님이 천지 만물을 창조하신 목적이 예수 그리스도로 말미암아 많은 아들들을 얻어서 아버지가 되시기 위함이기 때문입니다. 모든 만물 중 생명이 있는 존재에게 아버지는 하나입니다. 아버지가 둘인 존재는 절대로 있을 수 없습니다. 생명을 주는 존재인 아버지는 하나입니다. 그래서 하나님이 한 분이라고 했을 때는 아버지를 말합니다. 그런데 하나님이 생명을 주셔서 아들들을 얻으시면 아들들도 하나님이 됩니다. 아버지가 하나님이시므로 당연히 아들도 하나님이 되는 것입니다.

"내 아버지의 뜻은 아들을 보고 믿는 자마다 영생을 얻는 이것이니 마지막 날에 내가 이를 다시 살리리라 하시니라" (요6:40)

예수님께서 아버지의 뜻은 "아들을 보고 믿는 자마다 영생을 얻는 것"이라고 하셨습니다. 곧 영생을 얻는 자들이 바로 하나님의 아들들이 되는 자들입니다.

"내가 네 자손으로 땅의 티끌 같게 하리니 사람이 땅의 티끌을 능히 셀 수 있을진대 네 자손도 세리라" (창13:16)
"4 여호와의 말씀이 그에게 임하여 가라사대 그 사람은 너의 후사가 아니라 네 몸에서 날 자가 네 후사가 되리라 하시고 5 그를 이끌고 밖으로 나가 가라사대 하늘을 우러러 뭇 별을 셀 수 있나 보라 또 그에게 이르시되 네 자손이 이와 같으리라" (창15:4-5)

믿음의 조상 아브라함에게 하나님께서 약속하시기를 네 자손이 땅의 티끌과 같고 하늘의 별과 같다고 말씀하셨습니다. 아브라함은 이스라엘 민족의 조상이지만 또한 모든 믿는 자들의 조상도 된다고 말씀하셨습니다. 하나님께서 아브라함에게 하신 약속이 모든 믿는 자들에게 하신 약속도 된다는 뜻입니다.

"3 성경이 무엇을 말하느뇨 아브라함이 하나님을 믿으매 이것이 저에게 의로 여기신 바 되었느니라 4 일하는 자에게는 그 삯을 은혜로 여기지 아니하고 빚으로 여기거니와 5 일을 아니 할지라도 경건치 아니한 자를 의롭다 하시는 이를 믿는 자에게는 그의 믿음을 의로 여기시나니 6 일한 것이 없이 하나님께 의로 여기심을 받는 사람의 행복에 대하여 다윗의 말한바 7 그 불법을 사하심을 받고 그 죄를 가리우심을 받는 자는 복이 있고 8 주께서 그 죄를 인정치 아니하실 사람은 복이 있도다 함과 같으니라 9 그런즉 이 행복이 할례자에게뇨 혹 무할례자에게도뇨 대저 우리가 말하기를 아브라함에게는 그 믿음을 의로 여기셨다 하노라 10 그런즉 이를 어떻게 여기셨느뇨 할례 시냐 무할례 시냐 할례 시가 아니라 무할례 시니라 11 저가 할례의 표를 받은 것은 무할례 시에 믿음으로 된 의를 인친 것이니 이는 무할례자로서 믿는 모든 자의 조상이 되어 저희로 의로 여기심을 얻게 하려 하심이라 12 또한 할례자의 조상이 되었나니 곧 할례받을 자에게뿐 아니라 우리 조상 아브라함의 무할례 시에 가졌던 믿음의 자취를 좇는 자들에게도니라 13 아브라함이나 그 후손에게 세상의 후사가 되리라고 하신 언약은 율법으로 말미암은 것이 아니요 오직 믿음의 의로 말미암은 것이니라 14 만일 율법에 속한 자들이 후사이면 믿음은 헛것이 되고 약속은 폐하여졌느니라 15 율법은 진노를 이루게 하나니 율법이 없는 곳에는 범함도 없느니라 16 그러므로 후사가 되는 이것이 은혜에 속하기 위하여 믿음으로 되나니 이는 그 약속을 그 모든 후손에게 굳게 하려 하심이라 율법에 속한 자에게 뿐 아니라 아브라함의 믿음에 속한 자에게도니 아브라함은 하나님 앞에서 우리 모든 사람의 조상이라" (롬4:3-16)

"6 아브라함이 하나님을 믿으매 이것을 그에게 의로 정하셨다 함과 같으니라 7 그런즉 믿음으로 말미암은 자들은 아브라함의 아들인 줄 알지어다 8 또 하나님이 이방을 믿음으로 말미암아 의로 정하실 것을 성경이 미리 알고 먼저 아브라함에게 복음을 전하되 모든 이방이 너를 인하여 복을 받으리라 하였으니 9 그러므로 믿음으로 말미암은 자는 믿음이 있는 아브라함과 함께 복을 받느니라" (갈3:6-9)

아브라함과 같은 믿음을 가진 자들이 하나님의 아들이 됩니다.

"26 너희가 다 믿음으로 말미암아 그리스도 예수 안에서 하나님의 아들

이 되었으니 27 누구든지 그리스도와 합하여 세례를 받은 자는 그리스도로 옷 입었느니라"(갈3:26-27)

성경이 "하나님은 한 분이시다"라고 했을 때 "왜 하나님이 한 분이십니까?"라고 이유를 묻는다면 "아버지가 하나님이시므로 하나님은 한 분이십니다"라고 대답하면 이것이 가장 정확하고 성경에 근거한 답변입니다.

3.
아버지의 생명인 영생을 주셔서 아들들을 얻으십니다

 믿는 자마다 영생을 얻는 것이 아버지의 뜻이라고 예수님이 말씀하셨습니다. 여기서 예수님이 말씀하신 영생(永生)은 죽지 않고 영원히 사는 것이 아니라 영원하신 아버지의 생명을 말씀하는 것입니다.

> "아브라함은 브엘세바에 에셀나무를 심고 거기서 영생하시는 하나님 여호와의 이름을 불렀으며" (창21:33)

 아브라함이 영생하시는 하나님 여호와의 이름을 불렀다고 했습니다. 여호와 하나님이 영생하시는 분이라는 말씀입니다.

> "그 기한이 차매 나 느부갓네살이 하늘을 우러러 보았더니 내 총명이 다시 내게로 돌아온지라 이에 내가 지극히 높으신 자에게 감사하며 영생하시는 자를 찬양하고 존경하였노니 그 권세는 영원한 권세요 그 나라는 대대에 이르리로다" (단4:34)

 바벨론의 왕 느부갓네살이 여호와 하나님을 영생하시는 자라고 했습니다.

"내가 들은즉 그 세마포 옷을 입고 강물 위에 있는 자가 그 좌우 손을 들어 하늘을 향하여 영생하시는 자를 가리켜 맹세하여 가로되 반드시 한 때 두 때 반 때를 지나서 성도의 권세가 다 깨어지기까지니 그렇게 되면 이 모든 일이 다 끝나리라 하더라"(단12:7)

다니엘이 본 천사가 여호와 하나님을 영생하시는 자라고 했습니다. 구약성경에 오직 여호와 하나님만이 영생하시는 분이라고 말씀하고 있는 것은 영생이 여호와의 생명이라는 뜻입니다. 영생은 끝이 없을 뿐만 아니라 시작도 없는 생명입니다. 시작이 있다는 것은 지음을 받았다는 뜻이고 피조물이라는 말입니다. 오직 시작도 없고 끝도 없는 분은 창조주이신 여호와 하나님 한 분밖에 없습니다. 많은 기독교인들이 영생(永生)의 의미를 성경대로 알지 못하고 문자의 뜻으로만 이해해서 육체가 있을 때는 육체가 죽기 때문에 영생이 아니고 죽어서 천국에 가서 영원히 사는 것이 영생이라고 알고 있습니다. 그러나 성경은 죽은 뒤에 천국에서 영생을 얻는 것이 아니라 살아서 믿을 때 아버지의 생명 곧 영생을 얻는 것이라고 분명하게 말씀하고 있습니다.

"내가 진실로 진실로 너희에게 이르노니 내 말을 듣고 또 나 보내신 이를 믿는 자는 영생을 얻었고 심판에 이르지 아니하나니 사망에서 생명으로 옮겼느니라"(요5:24)
"14 모세가 광야에서 뱀을 든 것같이 인자도 들려야 하리니 15 이는 저를 믿는 자마다 영생을 얻게 하려 하심이니라 16 하나님이 세상을 이처럼 사랑하사 독생자를 주셨으니 이는 저를 믿는 자마다 멸망치 않고 영생을 얻게 하려 하심이니라 17 하나님이 그 아들을 세상에 보내신 것은 세상을 심판하려 하심이 아니요 저로 말미암아 세상이 구원을 받게 하려 하심이라"(요3:14-17)

영생을 얻은 자들이 멸망치 않고 영생을 얻은 자들이 구원을 받는다고 말씀하고 있습니다.

"하나님은 모든 사람이 구원을 받으며 진리를 아는 데 이르기를 원하시느니라"(딤전2:4)

모든 사람이 구원받는 것을 하나님이 원하신다는 것은 바꿔 말하면 모든 사람이 영생 얻는 것을 원하신다는 말씀입니다. 영생을 얻은 자들이 하나님의 아들이 되고 하나님은 그들의 아버지가 되십니다. 아버지와 아들은 생명의 관계입니다. 아버지가 생명을 주시고 그 생명을 받은 자들이 아들이 되는 것입니다.

"아버지께서 자기 속에 생명이 있음같이 아들에게도 생명을 주어 그 속에 있게 하셨고"(요5:26)

하나님 아버지께서 믿는 자들에게 영생을 주시는 방법은 "예수 그리스도로 말미암아"입니다. 예수님이 육신을 입고 세상에 오셔서 십자가에서 피를 흘리신 이유는 첫째 온 세상의 죄를 위한 화목제물이 되시기 위함입니다.

"1 나의 자녀들아 내가 이것을 너희에게 씀은 너희로 죄를 범치 않게 하려 함이라 만일 누가 죄를 범하면 아버지 앞에서 우리에게 대언자가 있으니 곧 의로우신 예수 그리스도시라 2 저는 우리 죄를 위한 화목제물이니 우리만 위할 뿐 아니요 온 세상의 죄를 위하심이라"(요일2:1-2)

둘째는 자기 몸과 육체를 버리시고 믿는 자들 안에 들어오셔서 믿는 자들의 생명이 되시기 위함입니다.

"내가 그리스도와 함께 십자가에 못 박혔나니 그런즉 이제는 내가 산 것이 아니요 오직 내 안에 그리스도께서 사신 것이라 이제 내가 육체 가운데 사는 것은 나를 사랑하사 나를 위하여 자기 몸을 버리신 하나님의 아들을 믿는 믿음 안에서 사는 것이라"(갈2:20)
"그리스도께서도 한 번 죄를 위하여 죽으사 의인으로서 불의한 자를 대신하셨으니 이는 우리를 하나님 앞으로 인도하려 하심이라 육체로는 죽임을 당하시고 영으로는 살리심을 받으셨으니"(벧전3:18)

예수님은 믿는 자 안에 들어와 사시려고 자기 몸을 버리셨습니다. 한 번 죄를 위하여 죽으사 불의한 자를 대신하신 그리스도께서는 육체로는 죽임을 당하시고 영으로는 살리심을 받으셨다고 성경이 분명하게 말씀하고 있습니다. 영(靈)으로 살리심을 받으셨다는 것은 영(靈)도 죽었다는 뜻입니다.

"10 여호와께서 그로 상함을 받게 하시기를 원하사 질고를 당케 하셨은즉 그 영혼을 속건제물로 드리기에 이르면 그가 그 씨를 보게 되며 그 날은 길 것이요 또 그의 손으로 여호와의 뜻을 성취하리로다 11 가라사대 그가 자기 영혼의 수고한 것을 보고 만족히 여길 것이라 나의 의로운 종이 자기 지식으로 많은 사람을 의롭게 하며 또 그들의 죄악을 친히 담당하리라 12 이러므로 내가 그로 존귀한 자와 함께 분깃을 얻게 하며 강한 자와 함께 탈취한 것을 나누게 하리니 이는 그가 자기 영혼을 버려 사망에 이르게 하며 범죄자 중 하나로 헤아림을 입었음이라 그러나 실상은 그가 많은 사람의 죄를 지며 범죄자를 위하여 기도하였느니라 하시니라" (사53:10-12)

예수님은 십자가에서 육체만이 아니라 영혼까지 속건제물이 되어서 드려졌습니다. 예수님의 육체와 몸과 영혼까지 다 제물이 되어서 십자가에서 죽었는데 하나님 아버지께서 예수님의 영을 다시 살리신 것입니다. 다시 살리심을 받은 예수님의 영이 바로 그리스도입니다.

"9 만일 너희 속에 하나님의 영이 거하시면 너희가 육신에 있지 아니하고 영에 있나니 누구든지 그리스도의 영이 없으면 그리스도의 사람이 아니라 10 또 그리스도께서 너희 안에 계시면 몸은 죄로 인하여 죽은 것이나 영은 의를 인하여 산 것이니라 11 예수를 죽은 자 가운데서 살리신 이의 영이 너희 안에 거하시면 그리스도 예수를 죽은 자 가운데서 살리신 이가 너희 안에 거하시는 그의 영으로 말미암아 너희 죽을 몸도 살리시리라" (롬8:9-11)

하나님의 영과 그리스도의 영이 속에 거하지 않는 자들은 그리스도의 사람이 아니라고 했습니다. 다시 말하면 교회는 다녀도 그리스도께서 영으로 그 사람 안에 계시지 않는다면 구원받지 못했다는 뜻입니다.

"1 그러므로 너희가 그리스도와 함께 다시 살리심을 받았으면 위엣 것을 찾으라 거기는 그리스도께서 하나님 우편에 앉아 계시느니라 2 위엣 것을 생각하고 땅엣 것을 생각지 말라 3 이는 너희가 죽었고 너희 생명이 그리스도와 함께 하나님 안에 감취었음이니라 4 우리 생명이신 그리스도께서 나타나실 그 때에 너희도 그와 함께 영광 중에 나타나리라"(골3:1-4)

믿음으로 그리스도와 함께 십자가에 못 박힌 자들이 그리스도와 함께 다시 살리심을 받습니다. 믿는 자들이 다시 살리심을 받을 수 있는 이유는 하나님 아버지께서 영으로 다시 살리신 그리스도께서 믿는 자들의 생명이 되시기 때문입니다.

"3 무릇 그리스도 예수와 합하여 세례를 받은 우리는 그의 죽으심과 합하여 세례받은 줄을 알지 못하느뇨 4 그러므로 우리가 그의 죽으심과 합하여 세례를 받음으로 그와 함께 장사되었나니 이는 아버지의 영광으로 말미암아 그리스도를 죽은 자 가운데서 살리심과 같이 우리로 또한 새 생명 가운데서 행하게 하려 함이니라 5 만일 우리가 그의 죽으심을 본받아 연합한 자가 되었으면 또한 그의 부활을 본받아 연합한 자가 되리라 6 우리가 알거니와 우리 옛 사람이 예수와 함께 십자가에 못 박힌 것은 죄의 몸이 멸하여 다시는 우리가 죄에게 종 노릇 하지 아니하려 함이니 7 이는 죽은 자가 죄에서 벗어나 의롭다 하심을 얻었음이니라 8 만일 우리가 그리스도와 함께 죽었으면 또한 그와 함께 살 줄을 믿노니 9 이는 그리스도께서 죽은 자 가운데서 사셨으매 다시 죽지 아니하시고 사망이 다시 그를 주장하지 못할 줄을 앎이로라"(롬6:3-9)

오늘날 기독교가 이 사실을 성경대로 알지 못하고 2,000년 전에 이 땅에 오셔서 십자가에서 피를 흘리신 예수 그리스도께서 세상 모든 죄를 다 담당하셨으므로 내 죄도 담당하셨다고 믿으면 죄 사함을 받고 구원받는다고 믿고 있습니다. 누구든지 이렇게만 믿고 교회 다니는 사람들은 단 한 사람도 구원받을 수 없습니다. 왜냐하면 구원은 그리스도께서 믿는 자 안으로 들어오시는 것이기 때문입니다.

"17 믿음으로 말미암아 그리스도께서 너희 마음에 계시게 하옵시고 너희가 사랑 가운데서 뿌리가 박히고 터가 굳어져서 18 능히 모든 성도와 함께 지식에 넘치는 그리스도의 사랑을 알아 19 그 넓이와 길이와 높이와 깊이가 어떠함을 깨달아 하나님의 모든 충만하신 것으로 너희에게 충만하게 하시기를 구하노라"(엡3:17-19)
"26 이 비밀은 만세와 만대로부터 옴으로 감추었던 것인데 이제는 그의 성도들에게 나타났고 27 하나님이 그들로 하여금 이 비밀의 영광이 이방인 가운데 어떻게 풍성한 것을 알게 하려 하심이라 이 비밀은 너희 안에 계신 그리스도시니 곧 영광의 소망이니라"(골1:26-27)

그리스도께서 믿는 자 안에 계시는 것이 만세와 만대로부터 감춰왔던 비밀이라고 말씀하셨는데 계속해서 비밀이 아니라 이제는 그의 성도들에게 나타났다고 했습니다. 그래서 이 비밀을 모르는 자들은 성도가 아니고, 성도가 아니므로 구원받지 못한 자들입니다.

4.
예수 그리스도가 영생(靈生)입니다

예수님은 하나님 아버지의 생명을 받아서 하나님의 아들이 되신 분입니다. 하나님 아버지의 생명이 영생이므로 예수님 속에 있는 생명도 영생입니다. 그래서 예수님이 "참 하나님이시오 영생이라"고 했습니다.

"또 아는 것은 하나님의 아들이 이르러 우리에게 지각을 주사 우리로 참된 자를 알게 하신 것과 또한 우리가 참된 자 곧 그의 아들 예수 그리스도 안에 있는 것이니 그는 참 하나님이시오 영생이시라"(요일5:20)

예수 그리스도께서 영생이시므로 영생을 얻었다면 예수 그리스도께서 믿는 자 안에 계셔야 합니다. 그래서 너희의 믿음을 시험하고 확증하라고 했습니다.

"너희가 믿음에 있는가 너희 자신을 시험하고 너희 자신을 확증하라 예수 그리스도께서 너희 안에 계신 줄을 너희가 스스로 알지 못하느냐 그렇지 않으면 너희가 버리운 자니라"(고후13:5)

예수 그리스도께서 자기 안에 계신 것을 스스로 알지 못하는 자들은 버리운 자들이라고 했습니다. 교회는 다니지만 구원받지 못했다는 뜻입니다.

> "21 나더러 주여 주여 하는 자마다 천국에 다 들어갈 것이 아니요 다만 하늘에 계신 내 아버지의 뜻대로 행하는 자라야 들어가리라 22 그 날에 많은 사람이 나더러 이르되 주여 주여 우리가 주의 이름으로 선지자 노릇 하며 주의 이름으로 귀신을 쫓아내며 주의 이름으로 많은 권능을 행치 아니하였나이까 하리니 23 그 때에 내가 저희에게 밝히 말하되 내가 너희를 도무지 알지 못하니 불법을 행하는 자들아 내게서 떠나가라 하리라" (마7:21-23)

주여! 주여! 하면서 믿는다고 하는 자들에게 예수님께서 "불법을 행하는 자들아 내게서 떠나가라"고 말씀하셨는데 그들이 내 아버지의 뜻대로 행하지 않았다고 말씀하셨습니다. 하나님 아버지의 생명을 얻지 못한 자들이 교회는 다니면서 예수님을 주로 부르고 또 하나님을 아버지라고 했지만 그들은 구원받지 못한다고 예수님이 말씀하셨습니다. 그들이 영생을 얻지 못했기 때문입니다. 그렇다면 어떻게 영생을 얻을 수 있습니까?

> "내가 진실로 진실로 너희에게 이르노니 내 말을 듣고 또 나 보내신 이를 믿는 자는 영생을 얻었고 심판에 이르지 아니하나니 사망에서 생명으로 옮겼느니라" (요5:24)

예수님의 말을 듣고 예수님을 보내신 아버지를 믿어야 영생을 얻을 수 있다고 말씀하셨습니다. 예수님을 보내신 아버지를 믿는다는 것은 예수님을 보고 아버지를 믿는 것입니다. 곧 예수님 속에 아버지가 계신 것을 믿는 것입니다.

"6 예수께서 가라사대 내가 곧 길이요 진리요 생명이니 나로 말미암지 않고는 아버지께로 올 자가 없느니라 7 너희가 나를 알았더면 내 아버지도 알았으리로다 이제부터는 너희가 그를 알았고 또 보았느니라 8 빌립이 가로되 주여 아버지를 우리에게 보여 주옵소서 그리하면 족하겠나이다 9 예수께서 가라사대 빌립아 내가 이렇게 오래 너희와 함께 있으되 네가 나를 알지 못하느냐 나를 본 자는 아버지를 보았거늘 어찌하여 아버지를 보이라 하느냐 10 나는 아버지 안에 있고 아버지는 내 안에 계신 것을 네가 믿지 아니하느냐 내가 너희에게 이르는 말이 스스로 하는 것이 아니라 아버지께서 내 안에 계셔 그의 일을 하시는 것이라 11 내가 아버지 안에 있고 아버지께서 내 안에 계심을 믿으라 그렇지 못하겠거든 행하는 그 일을 인하여 나를 믿으라" (요14:6-11)

예수님과 예수님을 보내신 아버지가 따로 계신 것이 아니라 예수님 안에 아버지가 계신다고 말씀하시면서 나를 본 자는 아버지를 보았다고 말씀하셨습니다. 예수님이 하시는 일을 예수님의 일이 아니라 아버지께서 예수님 안에 계셔서 아버지의 일을 하시는 것이라고 하셨습니다. 그래서 예수님은 나로 말미암지 않고는 아버지께로 올 자가 없다고 말씀하셨습니다. 만약 예수님과 아버지가 따로 계신다면 아버지께로 갈 자가 없다고 말씀하셔야 맞을 것입니다. 예수님 속에 본체이신 아버지가 계신 것을 믿지 못하는 자들은 절대로 구원을 받을 수가 없습니다.

"썩는 양식을 위하여 일하지 말고 영생하도록 있는 양식을 위하여 하라 이 양식은 인자가 너희에게 주리니 인자는 아버지 하나님의 인치신 자

니라"(요6:27)

"31 기록된바 하늘에서 저희에게 떡을 주어 먹게 하였다 함과 같이 우리 조상들은 광야에서 만나를 먹었나이다 32 예수께서 이르시되 내가 진실로 진실로 너희에게 이르노니 하늘에서 내린 떡은 모세가 준 것이 아니라 오직 내 아버지가 하늘에서 내린 참 떡을 너희에게 주시나니 33 하나님의 떡은 하늘에서 내려 세상에게 생명을 주는 것이니라 34 저희가 가로되 주여 이 떡을 항상 우리에게 주소서 35 예수께서 가라사대 내가 곧 생명의 떡이니 내게 오는 자는 결코 주리지 아니할 터이요 나를 믿는 자는 영원히 목마르지 아니하리라"(요6:31-35)

"53 예수께서 이르시되 내가 진실로 진실로 너희에게 이르노니 인자의 살을 먹지 아니하고 인자의 피를 마시지 아니하면 너희 속에 생명이 없느니라 54 내 살을 먹고 내 피를 마시는 자는 영생을 가졌고 마지막 날에 내가 그를 다시 살리리니 55 내 살은 참된 양식이요 내 피는 참된 음료로다 56 내 살을 먹고 내 피를 마시는 자는 내 안에 거하고 나도 그 안에 거하나니 57 살아 계신 아버지께서 나를 보내시매 내가 아버지로 인하여 사는 것같이 나를 먹는 그 사람도 나로 인하여 살리라"(요6:53-57)

예수님의 살을 먹고 예수님의 피를 마시지 않으면 영생을 얻을 수 없다고 말씀하셨습니다. 이 말씀은 실제로 예수님의 살과 피를 말씀하신 것이 아닙니다. 또 교회에서 성찬식에 행하는 빵과 포도주를 말씀하는 것도 아닙니다. 이것은 비유로써 육체를 위한 양식을 사람이 먹으면 그 양식이 그 사람 안에서 피가 되고 살이 되는 것처럼 예수님도 영의 양식 곧 영생을 얻게 하기 위한 양식으로 믿는 자들 안으로 들어오신다는 것입니다. 육체를 위한 양식은 입을 통해 먹지만, 영을 위한 양식은 영으로 먹어야 합니다. 그래서 그리스도께서 믿는 자의 영에 먼저 들어오시는 것입니다(롬8:9-10). 예수님 속에 아버지가 계시므로 예수님이 아버지로 인하여 사는 것같이 나를 믿는 그 사람도 나로 인하여 산다고 하셨습니다. 곧 예수님 안에 아버지가 계신 것같이 믿는 자 안에 영생이신 예수님이 들어오시면 믿는 자가 영생이신 예수님으로 말미암아 산다는 말씀입니다.

3.
예수 그리스도는 누구십니까?

1.
예수 그리스도는
근본 하나님의 본체이십니다

예수님은 영원부터 계신 하나님의 아들이 오셔서 육체를 입고 사람이 되신 것이 아니라 근본 하나님의 본체가 오셔서 사람이 되신 분입니다.

"5 너희 안에 이 마음을 품으라 곧 그리스도 예수의 마음이니 6 그는 근본 하나님의 본체시나 하나님과 동등됨을 취할 것으로 여기지 아니하시고 7 오히려 자기를 비어 종의 형체를 가져 사람들과 같이 되었고 8 사람의 모양으로 나타나셨으매 자기를 낮추시고 죽기까지 복종하셨으니 곧 십자가에 죽으심이라" (빌2:5-8)

삼위일체 교리 안에서 세 분 하나님들을 믿는 기독교인들은 예수님이 자체로 존재하는 분이며 아버지와 동등한 분이고 또한 스스로 계시는 분이라고 합니다.

아타나시우스의 삼위일체 신조 44 (부록 참조)

7. 성부와 성자와 성령은 그 자체로 존재한다.
19. 우리는 이 각각의 세 분이 그 스스로 하나님이시오, 주님이시라

는 사실을 기독교의 진리로 받는 바이다.
25. 이 삼위일체에 있어서 어느 한 분이 앞서거나 뒤에 계신 것이 아니며, 더 위대하거나 덜 위대한 분도 없다.
26. 다만 삼위가 함께 영원하며 동등하다는 것이다.

오늘날 기독교의 '도그마'가 되어버린 삼위일체 교리는 성경과 전혀 맞지 않습니다. 아들이 어떻게 아버지가 없이 태어날 수 있으며 또 스스로 존재할 수 있겠습니까? 그리고 어떻게 아버지와 아들이 동등하겠습니까? 그런데 아타나시우스에 의해서 세워진 삼위일체 교리에 따르면 예수님은 자체로 존재하고 스스로 계시면서 아버지와 동등한 분이라고 말하고 있습니다. 성경 어디에도 아들이 자체로 존재하고 스스로 계신다는 말씀이 없고 아버지와 아들이 동등하다는 말씀도 없습니다.

> "6 이는 한 아기가 우리에게 났고 한 아들을 우리에게 주신 바 되었는데 그 어깨에는 정사를 메었고 그 이름은 기묘자라, 모사라, 전능하신 하나님이라, 영존하시는 아버지라, 평강의 왕이라 할 것임이라 7 그 정사와 평강의 더함이 무궁하며 또 다윗의 위에 앉아서 그 나라를 굳게 세우고 지금 이후 영원토록 공평과 정의로 그것을 보존하실 것이라 만군의 여호와의 열심이 이를 이루시리라" (사9:6-7)

한 아기가 우리에게 났고 한 아들을 우리에게 주셨는데 그 이름이 기묘자, 모사, 전능하신 하나님, 영존하시는 아버지, 평강의 왕이라고 했습니다. 이 말씀은 아버지가 아들이 되셨다는 말이 아니고 또 영원부터 계신 아들이 오셨다는 말도 아닙니다. 근본 본체이신 여호와 하나님이 직접 오셔서 육신을 입고 사람이 되셨는데, 곧 아들을 낳으셨는데 사람이 되신 아들이 예수 그리스도이시고 예수님 안에 본체이신 아버지가 계신다는 말씀입니다(요14:6-11).

2.
영원부터 계신 아들이 오신 것이 아니라 아버지가 아들을 낳으셨습니다

"또한 이와 같이 그리스도께서 대제사장 되심도 스스로 영광을 취하심이 아니요 오직 말씀하신 이가 저더러 이르시되 너는 내 아들이니 내가 오늘날 너를 낳았다 하셨고"(히5:5)
"예수 그리스도의 나심은 이러하니라 그 모친 마리아가 요셉과 정혼하고 동거하기 전에 성령으로 잉태된 것이 나타났더니"(마1:18)

하나님 아버지께서 아들이신 그리스도를 낳았다고 분명하게 말씀하고 있습니다. 또 동정녀 마리아에게 "성령으로 잉태된 것이 나타났다"고 했는데 예수님을 성령의 아들이라고 하지 않고 하나님의 아들이라고 한 것은 성령이 제 삼위의 하나님이 아니라 하나님 아버지의 생명의 활동이기 때문입니다.

"7 그러므로 성령이 이르신 바와 같이 오늘날 너희가 그의 음성을 듣거든 8 노하심을 격동하여 광야에서 시험하던 때와 같이 너희 마음을 강퍅케 하지 말라 9 거기서 너희 열조가 나를 시험하여 증험하고 사십 년 동안에 나의 행사를 보았느니라"(히3:7-9)

"7 대저 저는 우리 하나님이시요 우리는 그의 기르시는 백성이며 그 손의 양이라 너희가 오늘날 그 음성 듣기를 원하노라 8 이르시기를 너희는 므리바에서와 같이 또 광야 맛사의 날과 같이 너희 마음을 강퍅하게 말지어다 9 그 때에 너희 열조가 나를 시험하며 나를 탐지하고 나의 행사를 보았도다 10 내가 사십 년을 그 세대로 인하여 근심하여 이르기를 저희는 마음이 미혹된 백성이라 내 도를 알지 못한다 하였도다" (시95:7-10)

"5 여호와께서 모세에게 이르시되 백성 앞을 지나가서 이스라엘 장로들을 데리고 하수를 치던 네 지팡이를 손에 잡고 가라 6 내가 거기서 호렙산 반석 위에 너를 대하여 서리니 너는 반석을 치라 그것에서 물이 나리니 백성이 마시리라 모세가 이스라엘 장로들의 목전에서 그대로 행하니라 7 그가 그 곳 이름을 맛사라 또는 므리바라 불렀으니 이는 이스라엘 자손이 다투었음이요 또는 그들이 여호와를 시험하여 이르기를 여호와께서 우리 중에 계신가 아닌가 하였음이더라" (출17:5-7)

히브리서 3장 7~9절에 성령이 말씀하신 사건은 시편 95편 7~10절과 출애굽기 17장 5~7절에 기록된 사건과 같은 사건입니다. 히브리서에는 성령이 이르셨다고 했는데 시편에는 하나님이 말씀하셨고 출애굽기에는 여호와께서 말씀하셨다고 했습니다. 삼위일체 하나님이라서가 아니라 여호와 하나님의 생명의 활동이 곧 성령이기 때문입니다.

"1 태초에 말씀이 계시니라 이 말씀이 하나님과 함께 계셨으니 이 말씀은 곧 하나님이시니라 2 그가 태초에 하나님과 함께 계셨고 3 만물이 그로 말미암아 지은 바 되었으니 지은 것이 하나도 그가 없이는 된 것이 없느니라" (요1:1-3)

"말씀이 육신이 되어 우리 가운데 거하시매 우리가 그 영광을 보니 아버

지의 독생자의 영광이요 은혜와 진리가 충만하더라"(요1:14)

예수님은 말씀이 육신이 되신 분입니다. 태초에 이 말씀이 하나님과 함께 계셨으므로 말씀이 곧 하나님이라고 했습니다. 그렇다면 말씀이 어떻게 하나님과 함께 계셨을까요? 삼위일체 교리 안에 있는 기독교인들은 하나님 아버지가 보좌에 앉아 계시고 예수님은 말씀으로 그 오른쪽에 앉아 계신다고 믿고 있습니다. 왜냐하면 영원부터 스스로 계시고 자체로 존재하시고 아버지와 동등하신 분으로 믿기 때문입니다. 그러나 말씀은 자체로 계시고 스스로 계신 것이 아니라 아버지 안에 계셨습니다. 인격을 가진 살아 있는 존재의 생명에서 나온 생각이 입을 통해 나오면 이것이 말입니다. 이 말을 높은 존재가 하면 말씀이라고 합니다. 하나님보다 더 높은 존재가 없으므로 하나님의 말씀이라고 하는 것입니다.

"너희가 거절하여 배반하면 칼에 삼키우리라 여호와의 입의 말씀이니라" (사1:20)
"너희는 여호와의 책을 자세히 읽어 보라 이것들이 하나도 빠진 것이 없고 하나도 그 짝이 없는 것이 없으리니 이는 여호와의 입이 이를 명하셨고 그의 신이 이것들을 모으셨음이라"(사34:16)
"여호와의 영광이 나타나고 모든 육체가 그것을 함께 보리라 대저 여호와의 입이 말씀하셨느니라"(사40:5)
"네가 여호와의 안에서 즐거움을 얻을 것이라 내가 너를 땅의 높은 곳에 올리고 네 조상 야곱의 업으로 기르리라 여호와의 입의 말이니라"(사58:14)

여호와 하나님은 살아 계신 분이시므로 생명이 있고 그 생명 안에는 셀 수 없는 많은 생각들이 있습니다.

"여호와여 주의 행사가 어찌 그리 크신지요 주의 생각이 심히 깊으시니이다"(시92:5)

"17 하나님이여 주의 생각이 내게 어찌 그리 보배로우신지요 그 수가 어찌 그리 많은지요 18 내가 세려고 할지라도 그 수가 모래보다 많도소이다 내가 깰 때에도 오히려 주와 함께 있나이다"(시139:17-18)

여호와 하나님 속에 있는 보배롭고 셀 수 없이 많은 생각 중에서 사람에게 필요한 말씀을 선지자들을 통해 기록하게 하신 것이 바로 성경입니다. 예수님은 말씀이 육신이 되시기 전에 아버지 안에 말씀으로 계셨는데 이때 예수님이 하나님의 아들로 계신 것이 아닙니다. 하나님 아버지 안에 있는 생명으로 말씀으로 지혜로 씨로 계셨습니다. 아버지 속에 있는 생명을 아버지가 내놓으셨을 때 비로소 아들이 될 수 있는 것입니다. 사람이 아버지가 되는 것도 마찬가지입니다. 결혼하기 전에 남자에게 씨가 있지만, 이 씨를 아들이라고 하지 않습니다. 결혼해서 씨를 내어놓으면 비로소 아들이 나오는 것입니다. 말씀이신 예수님이 하나님 아버지 안에 계실 때는 아들이 아니지만 아버지가 아들을 낳으시면 곧 말씀이 육신이 되시면 비로소 하나님의 아들이 되는 것입니다.

3.
말씀이 육신이 되셨을 때 아버지는 예수님 안에 계셨습니다

하나님을 성경대로 한 분으로 믿을 수 있는 가장 중요한 근거는 하나님의 아들이신 예수 그리스도께서 육체를 입고 사람이 되어 오셨을 때 아버지는 어디에 어떻게 계셨는가를 아는 것입니다. 오늘날 예수님을 믿는다고 하는 자들이 하나님을 아버지로 부르는 자들이 예수님의 하신 말씀을 믿지 않고 하나님 아버지께서 기록하게 하신 하나님의 말씀인 성경을 믿지 않습니다.

"6 예수께서 가라사대 내가 곧 길이요 진리요 생명이니 나로 말미암지 않고는 아버지께로 올 자가 없느니라 7 너희가 나를 알았더면 내 아버지도 알았으리로다 이제부터는 너희가 그를 알았고 또 보았느니라 8 빌립이 가로되 주여 아버지를 우리에게 보여 주옵소서 그리하면 족하겠나이다 9 예수께서 가라사대 빌립아 내가 이렇게 오래 너희와 함께 있으되 네가 나를 알지 못하느냐 나를 본 자는 아버지를 보았거늘 어찌하여 아버지를 보이라 하느냐 10 나는 아버지 안에 있고 아버지는 내 안에 계신 것을 네가 믿지 아니하느냐 내가 너희에게 이르는 말이 스스로 하는 것이 아니라 아버지께서 내 안에 계셔 그의 일을 하시는 것이라 11 내가 아버지 안에 있고 아버지께서 내 안에 계심을 믿으라 그렇지 못하겠거든 행하는 그 일을 인하여 나를 믿으라"(요14:6-11)

아버지께서 예수님 안에 계신다고 예수님이 직접 말씀하셨습니다. "너희가 나를 알았더라면 내 아버지도 알았으리로다 이제부터는 너희가 그를 알았고 또 보았느니라"라고 예수님이 말씀하셨습니다. 아버지가 예수님 안에 계시면서 아버지의 일을 하시는 것이므로 나를 보고 믿지 못하겠거든 행하는 그 일을 인하여 나를 믿으라고 말씀하셨습니다.

"44 예수께서 외쳐 가라사대 나를 믿는 자는 나를 믿는 것이 아니요 나를 보내신 이를 믿는 것이며 45 나를 보는 자는 나를 보내신 이를 보는 것이니라"(요12:44-45)

나를 믿는 자는 보내신 아버지를 믿는 것이며 나를 보는 자는 보내신 아버지를 보는 것이라고 예수님이 말씀하셨습니다. 이렇게 예수님이 말씀하셨어도 삼위일체 하나님들을 믿는 기독교인들은 예수님을 보내신 아버지는 하늘에 계시고 보내심을 받은 예수님은 이 땅에 내려와 계신다고 믿고 있습니다. 물론 하나님 아버지께서 예수님을 보내신 것은 분명하고 확실한 하나님의 말씀입니다.

"16 하나님이 세상을 이처럼 사랑하사 독생자를 주셨으니 이는 저를 믿는 자마다 멸망치 않고 영생을 얻게 하려 하심이니라 17 하나님이 그 아들을 세상에 보내신 것은 세상을 심판하려 하심이 아니요 저로 말미암아 세상이 구원을 받게 하려 하심이라"(요3:16-17)
"24 이러므로 내가 너희에게 말하기를 너희가 너희 죄 가운데서 죽으리라 하였노라 너희가 만일 내가 그인 줄 믿지 아니하면 너희 죄 가운데서 죽으리라 25 저희가 말하되 네가 누구냐 예수께서 가라사대 나는 처음부터 너희에게 말하여 온 자니라 26 내가 너희를 대하여 말하고 판단할 것이 많으나 나를 보내신 이가 참되시매 내가 그에게 들은 그것을 세상에게 말하노라 하시되 27 저희는 아버지를 가리켜 말씀하신 줄을 깨닫지 못하더라"(요8:24-27)

"예수께서 가라사대 하나님이 너희 아버지였으면 너희가 나를 사랑하였으리니 이는 내가 하나님께로 나서 왔음이라 나는 스스로 온 것이 아니요 아버지께서 나를 보내신 것이니라"(요8:42)

하나님은 당신이 그 아들을 세상에 보내셨다고 하셨고 예수님은 당신이 아버지께 들은 것을 세상에게 말한다고 하시면서 스스로 오신 것이 아니라 아버지께서 당신을 보내셨다고 했습니다. 삼위일체 교리 안에서 세 분 하나님들을 믿는 기독교인들이 예수님의 말씀을 믿지 못하는 이유는 하나님 아버지가 계신 하늘과 예수님이 내려와 계신 세상, 곧 땅을 분리되어 있는 장소로 이해하기 때문입니다. 예수님을 보내신 아버지와 보내심을 받은 예수님이 어떻게 함께 계실 수 있느냐고 반문하는 것이 어떻게 보면 당연할 수도 있습니다. 삼차원의 세계에 속한 공간의 개념을 가지고 보내신 아버지와 보내심을 받은 아들이 함께 계시는 것을 이해한다는 것은 어찌 보면 불가능에 가까울 수도 있습니다. 삼위일체 세 분 하나님들을 믿는 기독교인들이 육체가 죽으면 갈 수 있는 천국이라는 장소를 생각하면서 그곳에 하나님 아버지가 계신다고 믿고 있습니다. 또 그 천국은 우주 너머에 있으므로 육체가 살아 있을 때는 절대로 갈 수 없는 곳으로 믿고 있습니다. 그런데 예수님은 하나님의 나라(천국)가 바로 너희 안에 있다고 말씀하셨습니다.

"20 바리새인들이 하나님의 나라가 어느 때에 임하나이까 묻거늘 예수께서 대답하여 가라사대 하나님의 나라는 볼 수 있게 임하는 것이 아니요 21 또 여기 있다 저기 있다고도 못하리니 하나님의 나라는 너희 안에 있느니라"(눅17:20-21)

하나님의 나라는 믿는 자 속에 하나님이 들어오셔야 이루어집니다. 천국(하나님의 나라)이 신약에는 기록되어 있는데, 구약에는 기록되어 있지 않습니다. 처음 천국에 대해서 말씀하신 분이 바로 예수님입니다. 예수님이 오시기 전에는 천국이 없었다는 뜻입니다. 왜냐하면 사람 속에 하나님이 들어오셔야 천국이 이뤄지는데 구약에는 하나님이 사람 속으로 들어오실 수가 없었기 때문입니다. 그래서 사람 속에 하나님의 나라가 이뤄지게 하시려고 예수님께서 세상에 오신 것입니다.

"이때부터 예수께서 비로소 전파하여 가라사대 회개하라 천국이 가까왔느니라 하시더라"(마4:17)
"10 제자들이 예수께 나아와 가로되 어찌하여 저희에게 비유로 말씀하시나이까 11 대답하여 가라사대 천국의 비밀을 아는 것이 너희에게는 허락되었으나 저희에게는 아니 되었나니 12 무릇 있는 자는 받아 넉넉하게 되되 무릇 없는 자는 그 있는 것도 빼앗기리라 13 그러므로 내가 저희에게 비유로 말하기는 저희가 보아도 보지 못하며 들어도 듣지 못하며 깨닫지 못함이니라"(마13:10-13)

천국이 비밀이라고 말씀하셨습니다. 아무나 깨달아 알 수 없다는 뜻입니다. 천국의 비밀을 깨닫지 못하는 자들은 절대로 구원받을 수 없습니다. 천국은 육체가 죽은 다음에 가는 장소가 아니라 믿는 자의 육체가 살아 있을 때 믿는 자 안에서 이루어지는 상태의 세계입니다.

"하나님의 나라는 먹는 것과 마시는 것이 아니요 오직 성령 안에서 의와 평강과 희락이라" (롬14:17)

하나님이 지으신 만물에 그의 영원하신 능력과 신성이 분명히 보여 알게 된다고 했습니다.

"창세로부터 그의 보이지 아니하는 것들 곧 그의 영원하신 능력과 신성이 그 만드신 만물에 분명히 보여 알게 되나니 그러므로 저희가 핑계치 못할지니라" (롬1:20)

하나님이 지으신 천지 만물은 우주를 포함한 물질계(物質界)만 있는 것이 아닙니다. 영계(靈界)도 또한 하나님께서 창조하셨습니다. 하나님이 창조하신 영계와 물질계는 따로 떨어져 있는 것이 아닙니다. 하나님께서 먼저 무한(無限)한 세계인 영계(靈界)를 창조하셨습니다. 이때 지음 받은 존재가 바로 천사들입니다. 천사들을 지으신 목적은 일꾼으로 삼기 위함입니다. 그래서 모든 천사들은 부리는 영이라고 했습니다.

※자연계(自然界)라고 하지 않고 물질계(物質界)라고 하는 이유는 자연(自然)이라는 말에 하나님의 창조를 부정하는 뜻이 있기 때문입니다. 자연(自然)은 "스스로 그렇게 되었다"라는 뜻이 있습니다.

"19 여호와께서 그 보좌를 하늘에 세우시고 그 정권으로 만유를 통치하시도다 20 능력이 있어 여호와의 말씀을 이루며 그 말씀의 소리를 듣는 너희 천사여 여호와를 송축하라 21 여호와를 봉사하여 그 뜻을 행하는 너희 모든 천군이여 여호와를 송축하라 22 여호와의 지으심을 받고 그 다스리시는 모든 곳에 있는 너희여 여호와를 송축하라 내 영혼아 여호와를 송축하라" (시103:19-22)

"모든 천사들은 부리는 영으로서 구원 얻을 후사들을 위하여 섬기라고 보내심이 아니뇨" (히1:14)

여호와의 말씀을 이루며 그 뜻을 행하는 존재들로서 천사들을 지으셨습니다. 또한 천사들은 부리는 영으로서 구원 얻을 후사들을 섬기라고 보내셨습니다. 천사들조차도 지음 받지 않았던 때가 있었는데 그때를 '영원한 때 전'이라고 하고 그때는 창조주이신 여호와 하나님 한 분만 계셨습니다.

"영생의 소망을 인함이라 이 영생은 거짓이 없으신 하나님이 영원한 때 전부터 약속하신 것인데" (딛1:2)

"하나님이 우리를 구원하사 거룩하신 부르심으로 부르심은 우리의 행위대로 하심이 아니요 오직 자기 뜻과 영원한 때 전부터 그리스도 예수 안에서 우리에게 주신 은혜대로 하심이라" (딤후1:9)

영원한 때 전에 하나님께서 세우신 계획은 아버지 하나님의 생명인 영생을 주셔서 예수 그리스도로 말미암아 하나님의 아들들을 얻으시는 것인데 이 일을 위하여 필요한 일꾼들인 천사들을 먼저 지으셨습니다. 그리고 무한(無限)한 세계인 영계(靈界) 안에 유한(有限)한 세계인 물질계(物質界)를 지으셨습니다. 그래서 영계(靈界)와 물질계(物質界)는 따로 있는 것이 아닙니다. 따라서 영이신 하나님 아버지와 육체를 입고 사람이 되신 예수님도 따로 계신 것이 아닙니다. 이 사실이 이해가 된다면 영이신 하나님 아버지께서 사람이신 예수님 안에 계신다는 것을 쉽게 알고 믿을 수 있습니다. 또한 하나님이 영으로 사람 속에 들어오신다는 사실도 쉽게 믿을 수 있습니다.

4.
십자가 이후에 예수님은 아버지 속으로 가셨습니다

아버지께로 나와서 세상에 오신 예수님이 다시 세상을 떠나 아버지께로 가신다고 말씀하셨는데 세상에 오실 때에 아버지 속에서 나오셨으므로 다시 아버지께로 가시면 당연히 아버지 속으로 가셔야 합니다.

"내가 아버지께로 나와서 세상에 왔고 다시 세상을 떠나 아버지께로 가노라 하시니" (요16:28)

삼위일체 교리 안에서 세 분 하나님들을 믿는 기독교인들은 예수님이 세상에 오실 때에 아버지 속에서 오셨다는 사실을 믿지 못하므로 아버지께로 가신 예수님이 아버지 속으로 가셨다는 사실도 역시 믿지 못합니다.

아타나시우스의 삼위일체 신조 44 (부록 참조)

7. 성부와 성자와 성령은 그 자체로 존재한다.

9. 성부와 성자와 성령은 우리의 이해를 초월한 분이시다.

19. 우리는 이 각각의 세 분이 그 스스로 하나님이시오, 주님이시라는 사실을 기독교의 진리로 받는 바이다.

26. 다만 세 분이 함께 동등하다는 것이다.

아타나시우스의 존재론적 삼위일체 교리에서는 아들이 자체로 존재하고 스스로 계시는데 우리의 이해를 초월한 분이므로 이해할 수 없다고 말합니다. 그래서 아버지는 아들을 낳은 적이 없는데도 아들이 존재하고 그 아들은 스스로 계시면서 아버지와 동등하다고 합니다. 이해할 수 없어서 알지도 못하는 하나님을 믿는다면 사도 바울이 복음을 전할 때 "알지 못하는 신에게"라고 단을 만들어 신을 섬기던 아덴 사람들과 다를 것이 없을 것입니다.

> "22 바울이 아레오바고 가운데 서서 말하되 아덴 사람들아 너희를 보니 범사에 종교성이 많도다 23 내가 두루 다니며 너희의 위하는 것들을 보다가 알지 못하는 신에게라고 새긴 단도 보았으니 그런즉 너희가 알지 못하고 위하는 그것을 내가 너희에게 알게 하리라 24 우주와 그 가운데 있는 만유를 지으신 신께서는 천지의 주재시니 손으로 지은 전에 계시지 아니하시고 25 또 무엇이 부족한 것처럼 사람의 손으로 섬김을 받으시는 것이 아니니 이는 만민에게 생명과 호흡과 만물을 친히 주시는 자이심이라 26 인류의 모든 족속을 한 혈통으로 만드사 온 땅에 거하게 하시고 저희의 년대를 정하시며 거주의 경계를 한하셨으니 27 이는 사람으로 하나님을 혹 더듬어 찾아 발견케 하려 하심이로되 그는 우리 각 사람에게서 멀리 떠나 계시지 아니하도다" (행17:22-27)

하나님께서는 성경 어디에도 하나님을 이해할 수 없으니 이해하지 말고 그냥 믿으라고 하신 적이 없습니다. 오히려 나를 알고 믿으라고 하셨습니다. 하나님에 대한 지식이 없는 백성은 망한다고 말씀하셨습니다.

"나 여호와가 말하노라 너희는 나의 증인, 나의 종으로 택함을 입었나니 이는 너희로 나를 알고 믿으며 내가 그인 줄 깨닫게 하려 함이라 나의 전에 지음을 받은 신이 없었느니라 나의 후에도 없으리라"(사43:10)
"내 백성이 지식이 없으므로 망하는도다 네가 지식을 버렸으니 나도 너를 버려 내 제사장이 되지 못하게 할 것이요 네가 네 하나님의 율법을 잊었으니 나도 네 자녀들을 잊어버리리라"(호4:6)

새 언약이 이루어져서 하나님의 법이 마음에 기록된 자들은 작은 자로부터 큰 자까지 다 여호와를 안다고 하셨고 여호와께서 믿는 자들에게 의와 공변됨과 은총과 긍휼히 여김과 진실함으로 장가드시면 여호와를 안다고 말씀하셨습니다.

"33 나 여호와가 말하노라 그러나 그 날 후에 내가 이스라엘 집에 세울 언약은 이러하니 곧 내가 나의 법을 그들의 속에 두며 그 마음에 기록하여 나는 그들의 하나님이 되고 그들은 내 백성이 될 것이라 34 그들이 다시는 각기 이웃과 형제를 가리켜 이르기를 너는 여호와를 알라 하지 아니하리니 이는 작은 자로부터 큰 자까지 다 나를 앎이니라 내가 그들의 죄악을 사하고 다시는 그 죄를 기억지 아니하리라 여호와의 말이니라"(렘31:33-34)
"19 내가 네게 장가들어 영원히 살되 의와 공변됨과 은총과 긍휼히 여김으로 네게 장가들며 20 진실함으로 네게 장가들리니 네가 여호와를 알리라"(호2:19-20)

신약에도 거룩하신 자에게서 기름 부음을 받은 자들은 모든 것을 아는데 이는 기름 부음이 너희 안에 거하시며 너희에게 모든 것을 가르치시고 또 참되고 거짓이 없다고 했습니다.

"너희는 거룩하신 자에게서 기름 부음을 받고 모든 것을 아느니라"(요일2:20)

"너희는 주께 받은 바 기름 부음이 너희 안에 거하나니 아무도 너희를 가르칠 필요가 없고 오직 그의 기름 부음이 모든 것을 너희에게 가르치며 또 참되고 거짓이 없으니 너희를 가르치신 그대로 주 안에 거하라"(요일2:27)

하나님은 이해할 수 없는 분이니 이해하지 말고 그냥 믿으라는 말은 궤변(詭辯)입니다. 모르는 것은 절대로 믿을 수 없습니다. 아는 만큼만 믿을 수 있습니다. 그래서 힘써 여호와를 알아야 한다고 했습니다.

"1 오라 우리가 여호와께로 돌아가자 여호와께서 우리를 찢으셨으나 도로 낫게 하실 것이요 우리를 치셨으나 싸매어 주실 것임이라 2 여호와께서 이틀 후에 우리를 살리시며 제 삼일에 우리를 일으키시리니 우리가 그 앞에서 살리라 3 그러므로 우리가 여호와를 알자 힘써 여호와를 알자 그의 나오심은 새벽 빛같이 일정하니 비와 같이, 땅을 적시는 늦은 비와 같이 우리에게 임하시리라 하리라"(호6:1-3)

하나님을 성경대로 바로 아는 자들은 하나님의 말씀도 깨달아 알 수 있습니다. 십자가 이후에 예수님이 하나님 우편에 앉으셨다는 말씀이 성경 여러 곳에 기록되어 있습니다.

"주 예수께서 말씀을 마치신 후에 하늘로 올리우사 하나님 우편에 앉으시니라"(막16:19)

"누가 정죄하리요 죽으실 뿐 아니라 다시 살아나신 이는 그리스도 예수시니 그는 하나님 우편에 계신 자요 우리를 위하여 간구하시는 자시니라"
(롬8:34)

"저는 하늘에 오르사 하나님 우편에 계시니 천사들과 권세들과 능력들이 저에게 순복하느니라"(벧전3:22)

성경에 기록된 우편은 장소가 아닙니다. 하나님 아버지가 계시는데 그 오른편에 예수님이 앉아 계시는 것을 말하는 것이 아닙니다. 존재론적 삼위일체 교리 안에서 하나님을 세 분으로 믿는 자들은 이 우편을 자연스럽게 장소로 받아들이게 됩니다. 그래서 하나님 아버지는 가운데 있는 보좌에 앉아 계시고 예수님은 그 오른쪽으로 가셔서 아버지 옆에 곧 우편에 앉으셨다고 믿게 됩니다. 성경 어디에도 그런 하나님은 존재하지 않습니다. 성경이 말씀하고 있는 우편은 장소가 아니라 상태를 말씀하는 것이기 때문입니다.

"8 내가 여호와를 항상 내 앞에 모심이여 그가 내 우편에 계시므로 내가 요동치 아니하리로다 9 이러므로 내 마음이 기쁘고 내 영광도 즐거워하며 내 육체도 안전히 거하리니 10 이는 내 영혼을 음부에 버리지 아니하시며 주의 거룩한 자로 썩지 않게 하실 것임이니이다 11 주께서 생명의 길로 내게 보이시리니 주의 앞에는 기쁨이 충만하고 주의 우편에는 영원한 즐거움이 있나이다"(시16:8-11)

다윗이 여호와를 항상 내 앞에 모신다고 했는데, 또 그가 내 우편에 계시므로 내가 요동치 않는다고 했습니다. 그럼 이 말씀에서 여호와는 다윗의 앞에 계시는 것일까요? 아니면 다윗의 우편에 계시는 것일까요? 앞이나 우편을 장소로 생각한다면 이런 의문이 생기게 되어 있습니다.

혹자는 하나님은 형체가 없이 천지에 충만하신 분이니 앞에도 계시고 우편에도 계신다고 할 것입니다. 앞에서 설명했듯이 "하나님은 사람의 형체이시다"라는 것을 말씀을 근거로 분명하게 확인했습니다. 여기서 말씀하고 있는 앞과 우편은 장소를 말하는 것이 아니라 상태를 말하는 것인데 다윗이 "여호와를 항상 내 앞에 모심이여"라고 한 것은 항상 변함없이 여호와를 섬긴다는 뜻이고 "그가 내 우편에 계신다"라고 한 것은 여호와께서 항상 함께하셔서 다윗을 지키신다는 뜻입니다. 이와 같이 우편을 하나님의 일하시는 상태, 하나님이 함께하시는 상태로 알지 못하면 절대로 하나님을 한 분으로 믿을 수 없습니다.

"예수께서 가라사대 네가 말하였느니라 그러나 내가 너희에게 이르노니 이 후에 인자가 권능의 우편에 앉은 것과 하늘 구름을 타고 오는 것을 너희가 보리라 하시니"(마26:64)

"이는 하나님의 영광의 광채시요 그 본체의 형상이시라 그의 능력의 말씀으로 만물을 붙드시며 죄를 정결케 하는 일을 하시고 높은 곳에 계신 위엄의 우편에 앉으셨느니라"(히1:3)

　예수님이 하늘에 오르사 앉으신 하나님 우편을 권능의 우편, 위엄의 우편이라고 했습니다. 권능과 위엄에는 우편, 좌편이 없습니다. 이 말씀들을 보아도 우편은 장소가 아니라 상태입니다.
　이제 우편이 장소가 아니라 상태라는 것을 알았다면 예수님이 보좌에 앉으셨다는 것이 무엇을 말씀하는 것인지도 알 수 있습니다.

"이기는 그에게는 내가 내 보좌에 함께 앉게 하여 주기를 내가 이기고 아버지 보좌에 함께 앉은 것과 같이 하리라"(계3:21)

"5 보좌에 앉으신 이가 가라사대 보라 내가 만물을 새롭게 하노라 하시고 또 가라사대 이 말은 신실하고 참되니 기록하라 하시고 6 또 내게 말씀하시되 이루었도다 나는 알파와 오메가요 처음과 나중이라 내가 생명수 샘물로 목마른 자에게 값없이 주리니 7 이기는 자는 이것들을 유업으로 얻으리라 나는 저의 하나님이 되고 그는 내 아들이 되리라"(계21:5-7)

하늘에는 보좌가 하나밖에 없습니다. 보좌는 하나님의 주권과 통치하심과 다스리심을 말합니다. 한 나라를 다스리는 왕이 하나이듯이 하나님이 지으신 모든 세계를 다스리는 분도 한 분 하나님이십니다. 예수님이 이기고 아버지 보좌에 앉으셨는데 그 보좌가 이제는 내 보좌라고 말씀하십니다. 어떻게 아버지의 보좌가 예수님의 보좌가 될 수 있습니까? 예수님이 아버지 안으로 가시면 아버지의 보좌가 예수님의 보좌가 됩니다. 예수님이 반드시 아버지 안으로 가셔야 하는 이유는 다시 믿는 자들에게 오셔야 하기 때문입니다. 믿는 자들이 하나님 아버지의 아들이 되려면 아버지의 생명을 받아야 하는데 그 생명이 그리스도이시므로 그리스도는 반드시 아버지로부터 믿는 자들 안으로 오셔야 합니다. 그래야 그리스도가 들어오신 사람들이 하나님의 아들이 될 수 있습니다. 그래서 이제 보좌에 앉으신 분이 아버지라는 사실을 "나는 저의 하나님이 되고 그는 내 아들이 되리라"라고 말씀하신 것으로 알 수 있습니다. 보좌에 앉으신 분은 예수님인데 아버지로 말씀하고 계십니다. 여기서 한 가지 명심해야 할 것은 예수님이 아버지가 되셨다는 것이 아니라 아버지 안으로 가셨다는 것입니다. 예수님이 아버지 안으로 가신 이유는 두 번째 믿는 자들에게 오셔서 구원을 이루시기 위함입니다

"그날에는 내가 아버지 안에, 너희가 내 안에, 내가 너희 안에 있는 것을

너희가 알리라"(요14:20)

예수님이 말씀하신 그날은 예수님이 아버지 안으로 가셨다가 다시 믿는 자들 안으로 오셔서 믿는 자들과 하나가 되신 날입니다. 그리스도께서 두 번째 오실 때는 반드시 믿는 자들 안으로 오십니다.

5.
그리스도께서 구원을 이루시려고 아버지 속에서 믿는 자들 속으로 두 번째 오십니다

그리스도께서 영으로 믿는 자 안에 들어오시는 것이 곧 구원입니다.

"9 만일 너희 속에 하나님의 영이 거하시면 너희가 육신에 있지 아니하고 영에 있나니 누구든지 그리스도의 영이 없으면 그리스도의 사람이 아니라 10 또 그리스도께서 너희 안에 계시면 몸은 죄로 인하여 죽은 것이나 영은 의를 인하여 산 것이니라 11 예수를 죽은 자 가운데서 살리신 이의 영이 너희 안에 거하시면 그리스도 예수를 죽은 자 가운데서 살리신 이가 너희 안에 거하시는 그의 영으로 말미암아 너희 죽을 몸도 살리시리라" (롬8:9-11)

그리스도의 영이 없으면 그리스도의 사람이 아니라고 했습니다. 그리스도의 영이 없으면 구원받지 못했다는 뜻입니다. 두 번째 오시는 그리스도는 영으로 믿는 자들에게 오시는데, 믿는 자들의 영에 들어오십니다. 이것이 그리스도의 재림(再臨)입니다. 믿는 자의 영을 살리신 그리스도께서 그 영으로 죄로 죽어 있는 믿는 자의 몸을 살리셔서 믿는 자의 몸에 사시면 이것은 그리스도의 강림(降臨)입니다. 그리스도께서 믿는 자의 몸에 사시면 믿는 자의 몸은 그리스도의 몸이 됩니다.

"너희는 그리스도의 몸이요 지체의 각 부분이라"(고전12:27)

그리스도의 재림(再臨)과 강림(降臨)이 다 믿는 자들 안에서 이루어집니다. 그리스도께서 믿는 자의 영에 들어오시면 이것이 은혜를 인하여 믿음으로 말미암아 선물로 받는 구원입니다.

"너희가 그 은혜를 인하여 믿음으로 말미암아 구원을 얻었나니 이것이 너희에게서 난 것이 아니요 하나님의 선물이라"(엡2:8)

영에 들어오신 그리스도께서 믿는 자의 몸에까지 사시는 것이 몸의 구원인데 이 구원은 두렵고 떨림으로 이루는 구원입니다.

"12 그러므로 나의 사랑하는 자들아 너희가 나 있을 때뿐 아니라 더욱 지금 나 없을 때에도 항상 복종하여 두렵고 떨림으로 너희 구원을 이루라 13 너희 안에서 행하시는 이는 하나님이시니 자기의 기쁘신 뜻을 위하여 너희로 소원을 두고 행하게 하시나니 14 모든 일을 원망과 시비가 없이 하라"(빌2:12-14)

선물로 받는 구원은 오직 믿음으로 받지만 상급으로 받는 구원은 죄가 사라지는 만큼만 받을 수 있습니다. 그래서 사도 바울이 두렵고 떨림으로 너희 구원을 이루라고 하면서 모든 일을 원망과 시비가 없이 하라고 했습니다. 그리스도께서 자기를 바라는 자들에게 두 번째 나타나시는 것은 심판하기 위함이 아니라 구원에 이르게 하기 위함이라고 성경이 분명하게 말씀하고 있습니다.

> "이와 같이 그리스도도 많은 사람의 죄를 담당하시려고 단번에 드리신 바 되셨고 구원에 이르게 하기 위하여 죄와 상관없이 자기를 바라는 자들에게 두 번째 나타나시리라" (히9:28)

초림(初臨) 예수님은 십자가에서 믿는 자들을 하나님의 아들들이 되게 하는 일의 준비를 다 마치시고 아버지 안으로 가셨습니다.

> "예수께서 신 포도주를 받으신 후 가라사대 다 이루었다 하시고 머리를 숙이시고 영혼이 돌아가시니라" (요19:30)
> "내가 진실로 진실로 너희에게 이르노니 한 알의 밀이 땅에 떨어져 죽지 아니하면 한 알 그대로 있고 죽으면 많은 열매를 맺느니라" (요12:24)

예수님의 영혼이 아버지께로 돌아가시면서 "다 이루었다"라고 말씀하셨습니다. 더 자세히 말하자면 초림(初臨) 예수님이 십자가에서 죽음으로 하나였던 씨가 많은 열매를 맺었고 맺어진 많은 열매(씨)와 함께 예수님이 아버지 안으로 가셨으므로 땅의 티끌과 같이 하늘의 별과 같이 많은 아들들을 얻을 수 있는 씨가 이제 아버지 안에 있는 것입니다. 그래서 구원은 아버지 속에서 믿는 자들 속으로 그리스도께서 두 번째 오시는 것인데 이것이 그리스도의 재림(再臨)입니다. 존재론적 삼위일체 교리 안에서 세 분 하나님들을 믿는 기독교인들은 예수님이 공중에 구름을 타고 오신다고 믿으면서 예수님의 재림(再臨)을 기다리고 있습니다. 이렇게 예수님을 기다리는 사람들은 한 사람도 구원받지 못합니다. 사람 밖으로 오시는 그리스도를 기다리는 사람들에게는 그리스도께서 오셔서 그 사람의 생명이 되실 수가 없기 때문입니다.

> "예수께서 가라사대 네가 말하였느니라 그러나 내가 너희에게 이르노니 이 후에 인자가 권능의 우편에 앉은 것과 하늘 구름을 타고 오는 것을 너희가 보리라 하시니"
> "Yes, it is as you say," Jesus replied. "But I say to all of you: In the future you will see the Son of Man sitting at the right hand of the Mighty One and coming on the clouds of heaven." (마26:64 niv)

존재론적 삼위일체 교리 안에서 세 분 하나님들을 믿는 기독교인들은 하나님 아버지 우편에 계신 예수 그리스도께서 구름을 타고 두 번째 오시는 재림(再臨)을 기다리고 있습니다. 말씀의 이해를 돕기 위해 영어 성경을 참고해서 보면 '하늘 구름'이 the clouds of sky가 아니라 the clouds of heaven으로 되어 있습니다.

> "9 이 말씀을 마치시고 저희 보는 데서 올리워 가시니 구름이 저를 가리워 보이지 않게 하더라
> 9 After he said this, he was taken up before their very eyes, and a cloud hid him from their sight.
> 10 올라가실 때에 제자들이 자세히 하늘을 쳐다보고 있는데 흰옷 입은 두 사람이 저희 곁에 서서
> 10 They were looking intently up into the sky as he was going, when suddenly two men dressed in white stood beside them.
> 11 가로되 갈릴리 사람들아 어찌하여 서서 하늘을 쳐다보느냐 너희 가운데서 하늘로 올리우신 이 예수는 하늘로 가심을 본 그대로 오시리라

하였느니라

11 "Men of Galilee," they said, "why do you stand here looking into the sky? This same Jesus, who has been taken from you into heaven, will come back in the same way you have seen him go into heaven."" (행1:9-11 niv)

예수님께서 하늘(heaven)로 올라가실 때 제자들이 하늘(sky)을 쳐다 보고 있는데 흰옷 입은 두 천사가 나타나서 "갈릴리 사람들아 어찌하여 서서 하늘(sky)을 쳐다보느냐?"라고 할 때 하늘은 sky입니다. "너희 가운데서 하늘(heaven)로 올리우신 이 예수는 하늘(heaven)로 가심을 본 그대로 오시리라"라고 했을 때 하늘은 heaven입니다. 예수님은 하늘(sky)로 가신 것이 아니라 하늘(heaven)로 가셨기 때문에 다시 오실 때도 하늘(heaven)로 오십니다.

"9 올라가셨다 하였은즉 땅 아랫곳으로 내리셨던 것이 아니면 무엇이냐
9 What does "he ascended" mean except that he also descended to the lower, earthly regions?
10 내리셨던 그가 곧 모든 하늘 위에 오르신 자니 이는 만물을 충만케 하려 하심이니라
10 He who descended is the very one who ascended higher than all the heavens, in order to fill the whole universe." (엡4:9-10 niv)

땅 아랫곳으로 내리셨던 그리스도께서 모든 하늘 위에 오르셨다고 했는데 all the heavens라고 했습니다. 하늘이 하나가 아니라 많다는 것이고 이 하늘은 그리스도가 믿는 자 안에 들어가시면 이루어지는 하

늘(heaven)을 말씀하는 것입니다. 하나님의 나라가 사람 속에 있다고 예수님이 말씀하셨는데 그리스도께서 믿는 자 안에 들어오시면 천국(heaven)이 그 사람 안에 이루어지는 것입니다(눅17:20-21).

"9 그러므로 내가 여전히 너희와 다투고 너희 후손과도 다투리라 여호와의 말이니라

9 "Therefore I bring charges against you again," declares the LORD. "And I will bring charges against your children's children.

10 너희는 깃딤 섬들에 건너가 보며 게달에도 사람을 보내어 이 같은 일의 유무를 자세히 살펴보라

10 Cross over to the coasts of Kittim and look, send to Kedar and observe closely; see if there has ever been anything like this:

11 어느 나라가 그 신을 신 아닌 것과 바꾼 일이 있느냐 그러나 나의 백성은 그 영광을 무익한 것과 바꾸었도다

11 Has a nation ever changed its gods? (Yet they are not gods at all.) But my people have exchanged their Glory for worthless idols.

12 너 하늘아 이 일을 인하여 놀랄지어다 심히 떨지어다 두려워할지어다 여호와의 말이니라

12 Be appalled at this, O heavens, and shudder with great horror," declares the LORD.

13 내 백성이 두 가지 악을 행하였나니 곧 생수의 근원 되는 나를 버린 것과 스스로 웅덩이를 판 것인데 그것은 물을 저축지 못할 터진 웅덩이니라

13 "My people have committed two sins: They have forsaken me, the spring of living water, and have dug their own cisterns, broken cisterns that cannot hold water.""(렘2:9-13 niv)

생수의 근원 되시는 하나님을 버리고 스스로 살려고 하는 이스라엘 백성에게 여호와 하나님께서 "너 하늘아(O heavens) 이 일을 인하여 놀랄지어다 심히 떨지어다 두려워할지어다"라고 말씀하셨습니다. 하나님을 버린 백성을 하늘이라고 말씀하셨습니다.

"12 너 아침의 아들 계명성이여 어찌 그리 하늘에서 떨어졌으며 너 열국을 엎은 자여 어찌 그리 땅에 찍혔는고

12 How you have fallen from heaven, O morning star, son of the dawn! You have been cast down to the earth, you who once laid low the nations!

13 네가 네 마음에 이르기를 내가 하늘에 올라 하나님의 뭇별 위에 나의 보좌를 높이리라 내가 북극 집회의 산 위에 좌정하리라

13 You said in your heart, "I will ascend to heaven; I will raise my throne above the stars of God; I will sit enthroned on the mount of assembly, on the utmost heights of the sacred mountain.

14 가장 높은 구름에 올라 지극히 높은 자와 비기리라 하도다

14 I will ascend above the tops of the clouds; I will make myself like the Most High.""(사14:12-14 niv)

타락한 천사 사단에 대해서 하신 말씀을 보면 처음에는 사단이 하나님의 말씀을 듣고 그 뜻을 이루는 존재이므로 하나님이 계시는 하늘(heaven)에 있었지만 하나님을 반역하므로 그 하늘(heaven)에서 떨어졌는데 "내가 하늘(heaven)에 올라 하나님의 뭇별 위에 나의 보좌를 높이리라"라고 하면서 스스로 높아져서 하늘(heaven)에 오른다고 말하고 있습니다. 그래서 하늘(heaven)을 무조건 하나님이 계시는 천국으

로 해석하면 안 되는 이유가 여기에 있습니다. 하나님이 계신 곳이 하늘(heaven)이지만 피조물이 창조주이신 하나님의 뜻대로 살지 않고 하나님을 떠나 스스로 살고자 하는 것도 하늘(heaven)이라고 성경이 기록하고 있습니다.

> "또 말하되 자, 성과 대를 쌓아 대 꼭대기를 하늘에 닿게 하여 우리 이름을 내고 온 지면에 흩어짐을 면하자 하였더니
> Then they said, 'Come, let us build ourselves a city, with a tower that reaches to the heavens, so that we may make a name for ourselves and not be scattered over the face of the whole earth.'" (창11:4 niv)

온 땅에 구음과 언어가 하나였을 때 사람들이 시날 평지에서 성과 대를 쌓아 대 꼭대기를 하늘에 닿게 하여 우리 이름을 내자고 했는데 상식적으로 사람이 아무리 높은 건물을 짓는다 한들 어떻게 하나님 계신 하늘(heaven)에 닿게 하겠습니까? 이것은 사람들의 죄악이 그 속에 가득하여 하나님의 뜻대로 살지 않고 자기 멋대로 스스로 살겠다고 하는 것을 말하는 것입니다. 그래서 피조물인 사람이 하나님의 뜻대로 살아야 할 자기의 본분을 잊어버리고 마귀의 꾀임에 넘어가 마귀와 같은 죄를 범하고 하나님이 계셔야 할 하늘(heaven)에 마귀가 왕 노릇 하는 사람도 스스로 살고자 하는 하늘(heaven)이라고 말하는 것입니다.

> "조상들도 저희 것이요 육신으로 하면 그리스도가 저희에게서 나셨으니 저는 만물 위에 계셔 세세에 찬양을 받으실 하나님이시니라" (롬9:5)

세세에 찬양을 받으실 하나님이신 그리스도께서 사람 속에 들어오셔야 사람이 하나님 계신 하늘(heaven)이 될 수 있습니다. 사람 밖으로 공중 하늘(sky)로 두 번째 오실 그리스도는 없습니다. 공중 하늘(sky)로 구름 타고 오시는 예수를 기다리는 자들은 한 사람도 구원받을 수 없습니다.

6.
예수 그리스도로 말미암아 하나님 아버지의 아들들을 얻으시는 것이 천지 창조의 목적입니다

　예수 그리스도께서 육신을 입고 사람 되어 오신 것은 영원한 때 전에 세우신 하나님의 경륜(經綸)을 이루기 위함입니다. 하나님의 경륜(經綸)은 예수 그리스도로 말미암아 많은 하나님의 아들들을 얻는 것입니다.

　"영생의 소망을 인함이라 이 영생은 거짓이 없으신 하나님이 영원한 때 전부터 약속하신 것인데" (딛1:2)
　"하나님이 우리를 구원하사 거룩하신 부르심으로 부르심은 우리의 행위대로 하심이 아니요 오직 자기 뜻과 영원한 때 전부터 그리스도 예수 안에서 우리에게 주신 은혜대로 하심이라" (딤후1:9)
　"3 찬송하리로다 하나님 곧 우리 주 예수 그리스도의 아버지께서 그리스도 안에서 하늘에 속한 모든 신령한 복으로 우리에게 복 주시되 4 곧 창세 전에 그리스도 안에서 우리를 택하사 우리로 사랑 안에서 그 앞에 거룩하고 흠이 없게 하시려고 5 그 기쁘신 뜻대로 우리를 예정하사 예수 그리스도로 말미암아 자기의 아들들이 되게 하셨으니 6 이는 그의 사랑하시는 자 안에서 우리에게 거저 주시는바 그의 은혜의 영광을 찬미하게 하려는 것이라" (엡1:3-6)

창세 전에 그리스도 안에서 우리를 택하사 우리를 하나님 앞에서 거룩하고 흠이 없게 하시려고 예정(豫定)하셨는데 예수 그리스도로 말미암아 자기의 아들들이 되게 하셨다고 했습니다. 여기서 말씀하고 있는 예정은 예수 그리스도로 말미암아 자기의 아들들이 되게 하는 것을 미리 정하신 것입니다. 곧 구원하시는 방법을 정하신 것이지 누가 구원받을 자인지 버림받을 자인지를 미리 정하신 것이 아닙니다.

> **칼빈의 절대 예정론**
>
> 칼빈의 절대 예정론은 하나님의 절대 주권과 은총론을 바탕으로 성립된 것이다. 즉, 타락과 **창조 이전에 이미 하나님에 의해 구원받을 자와 멸망할 자가 예정되었다**는 것이다. 칼빈은 이러한 절대 예정론을 배경으로 멸망 받을 자뿐 아니라 멸망에 이르게 하는 죄악도 철저히 배척하면서 종교개혁 당시 스위스 제네바에서 엄격한 신정 정치를 펼쳐나갈 수 있었다. 물론, 이런 예정론이 후기 칼빈주의 신학자들에 의해 완화된 형태로 해석되기는 했지만, 예정론이야말로 칼빈주의 신학의 특징을 명확히 보여주는 교리라 할 수 있다.
>
> [출처 : 교회용어사전]

칼빈의 절대 예정론에서는 타락과 창조 이전에 이미 하나님에 의해 구원받을 자와 멸망할 자가 예정되었다고 합니다. 칼빈의 교리대로 구원받을 자와 멸망할 자가 미리 정해져 있다면 멸망할 자들이 하나님께 "왜 우리는 구원받을 자로 미리 정해주지 않았습니까?"라고 따져 물을 것입니다.

"내가 오늘날 천지를 불러서 너희에게 증거를 삼노라 내가 생명과 사망

과 복과 저주를 네 앞에 두었은즉 너와 네 자손이 살기 위하여 생명을 택하고"(신30:19)

만약 구원받을 자와 멸망할 자가 미리 정해졌다면 하나님께서 "내가 생명과 사망과 복과 저주를 네 앞에 두었은즉 너와 네 자손이 살기 위하여 생명을 택하라"라고 말씀하지 않아야 합니다. 사람에게 선택을 할 수 있는 자유의지를 주셨기 때문에 하나님이 주신 생명을 택하지 않은 자들이 지옥에 가더라도 핑계치 못하는 것입니다.

"29 하나님이 미리 아신 자들로 또한 그 아들의 형상을 본받게 하기 위하여 미리 정하셨으니 이는 그로 많은 형제 중에서 맏아들이 되게 하려 하심이니라 30 또 미리 정하신 그들을 또한 부르시고 부르신 그들을 또한 의롭다 하시고 의롭다 하신 그들을 또한 영화롭게 하셨느니라"(롬8:29-30)

하나님이 미리 아신 자들로 그 아들의 형상을 본받게 하기 위하여 미리 정하셨다고 했습니다. 미리 아신 것은 누가 구원받을 자인지 아시는 것이고, 미리 정하신 것은 그 아들의 형상을 본받게 하는 것입니다. 하나님은 모든 것을 미리 정하신 분이 아니라 모든 것을 미리 아시는 분입니다. 그래서 가룟 유다가 예수님을 팔 것을 미리 아셨고(마26:20-25) 베드로가 예수님을 세 번 부인할 것도(마26:31-35) 미리 아셨습니다. 하나님께서 모든 것을 미리 정하셨다는 것과 미리 알고 계획을 세우셨다는 것은 천양지차(天壤之差)입니다. 하나님께서 모든 것을 미리 정하셨다면 모든 책임이 하나님께 있게 됩니다. 전능하신 하나님이 미리 정하신 것을 어떻게 사람이 바꿀 수 있겠습니까? 그래서 하나님이 정하신 것은 누가 구원받을 자인지 또는 멸망할 자인지가 아니라 오직 예수 그리스도로 말미암아서만 하나님의 아들들이 될 수 있다는 방법을 정하신 것입니다.

"26 너희가 다 믿음으로 말미암아 그리스도 예수 안에서 하나님의 아들이 되었으니 27 누구든지 그리스도와 합하여 세례를 받은 자는 그리스도로 옷 입었느니라"(갈3:26-27)

"25 이 예수를 하나님이 그의 피로 인하여 믿음으로 말미암는 화목제물로 세우셨으니 이는 하나님께서 길이 참으시는 중에 전에 지은 죄를 간과하심으로 자기의 의로우심을 나타내려 하심이니 26 곧 이때에 자기의 의로우심을 나타내사 자기도 의로우시며 또한 예수 믿는 자를 의롭다 하려 하심이니라 27 그런즉 자랑할 데가 어디뇨 있을 수가 없느니라 무슨 법으로냐 행위로냐 아니라 오직 믿음의 법으로니라 28 그러므로 사람이 의롭다 하심을 얻는 것은 율법의 행위에 있지 않고 믿음으로 되는 줄 우리가 인정하노라"(롬3:25-28)

"너희가 그 은혜를 인하여 믿음으로 말미암아 구원을 얻었나니 이것이 너희에게서 난 것이 아니요 하나님의 선물이라"(엡2:8)

믿음으로 그리스도 예수 안에서 하나님의 아들이 되고 믿음으로 의롭다 하심을 얻으며 믿음으로 말미암아 구원을 얻는다고 했습니다.

"죄에 대하여라 함은 저희가 나를 믿지 아니함이요"(요16:9)

"의심하고 먹는 자는 정죄되었나니 이는 믿음으로 좇아 하지 아니한 연고라 믿음으로 좇아 하지 아니하는 모든 것이 죄니라"(롬14:23)

"믿음이 없이는 기쁘시게 못하나니 하나님께 나아가는 자는 반드시 그가 계신 것과 또한 그가 자기를 찾는 자들에게 상 주시는 이심을 믿어야 할지니라"(히11:6)

예수님을 믿지 않는 것이 죄이고 또한 믿음으로 하지 않는 모든 것이 죄입니다. 믿음이 없이는 하나님을 기쁘시게 할 수 없습니다.

"17 믿음으로 말미암아 그리스도께서 너희 마음에 계시게 하옵시고 너희가 사랑 가운데서 뿌리가 박히고 터가 굳어져서 18 능히 모든 성도와 함께 지식에 넘치는 그리스도의 사랑을 알아 19 그 넓이와 길이와 높이와 깊이가 어떠함을 깨달아 하나님의 모든 충만하신 것으로 너희에게 충만하게 하시기를 구하노라"(엡3:17-19)
"너희가 믿음에 있는가 너희 자신을 시험하고 너희 자신을 확증하라 예수 그리스도께서 너희 안에 계신 줄을 너희가 스스로 알지 못하느냐 그렇지 않으면 너희가 버리운 자니라"(고후13:5)

성경이 보증하는 참믿음은 그리스도께서 믿는 자 안에 계시는 것입니다. 예수 그리스도께서 안에 계신 것을 스스로 알지 못하면 버리운 자입니다. 예수 그리스도로 말미암아 자기의 아들들이 되게 하시는 일을 영원한 때 전에 계획하시고 예수 그리스도를 믿는 자 안에 보내셔서 하나님의 아들들이 되게 하시는 것입니다.

"26 하나님이 가라사대 우리의 형상을 따라 우리의 모양대로 우리가 사람을 만들고 그로 바다의 고기와 공중의 새와 육축과 온 땅과 땅에 기는 모든 것을 다스리게 하자 하시고 27 하나님이 자기 형상 곧 하나님의 형상대로 사람을 창조하시되 남자와 여자를 창조하시고 28 하나님이 그들에게 복을 주시며 그들에게 이르시되 생육하고 번성하여 땅에 충만하라, 땅을 정복하라, 바다의 고기와 공중의 새와 땅에 움직이는 모든 생물을 다스리라 하시니라"(창1:26-28)

사람을 하나님의 형상(形像)을 따라 모양대로 만드신 목적은 예수 그리스도로 말미암아 자기의 아들들이 되게 하기 위함입니다. 아버지와 아들은 첫째, 형상이 같아야 하고 둘째, 생명이 같아야 합니다. 형상이 서로 다른 아버지와 아들은 존재할 수 없습니다. 개는 개를 낳고 소는 소를 낳고 사람은 사람을 낳습니다. 하나님이 아들을 낳으신다면 당연하게 하나님을 낳아야 합니다. 하나님이 지으신 살아 있는 모든 만물을 보면 아버지와 형상(形像)이 다른 아들이 없습니다. 그래서 사람을 지으실 때 하나님과 똑같은 형상으로 지으셨습니다.

"아버지께서 자기 속에 생명이 있음같이 아들에게도 생명을 주어 그 속에 있게 하셨고"(요5:26)

"그가 우리에게 약속하신 약속이 이것이니 곧 영원한 생명이니라"(요일2:25)

"10 하나님의 아들을 믿는 자는 자기 안에 증거가 있고 하나님을 믿지 아니하는 자는 하나님을 거짓말하는 자로 만드나니 이는 하나님께서 그 아들에 관하여 증거하신 증거를 믿지 아니하였음이라 11 또 증거는 이것이니 하나님이 우리에게 영생을 주신 것과 이 생명이 그의 아들 안에 있는 그것이니라"(요일5:10-11)

"또 아는 것은 하나님의 아들이 이르러 우리에게 지각을 주사 우리로 참된 자를 알게 하신 것과 또한 우리가 참된 자 곧 그의 아들 예수 그리스도 안에 있는 것이니 그는 참 하나님이시요 영생이시라"(요일5:20)

아버지께서 아들에게 생명을 주신다고 했습니다. 아버지께서 믿는 자들에게 영원한 생명 곧 영생을 약속하셨습니다. 영생은 시작도 없고 끝도 없는 아버지의 생명입니다. 그런데 이 생명이 하나님의 아들 예수 그리스도 안에 있으므로 아들이 있는 자에게는 생명이 있고 아들이 없는 자에게는 생명이 없다고 했습니다. 예수 그리스도가 참하나님이시오, 곧 영생입니다. 믿는 사람 속에 예수 그리스도가 들어오시면 예수 그리스도가 안에 계신 사람들은 아버지의 생명인 영생을 얻었으므로 하나님의 아들이 되는 것입니다. 믿는 자들이 예수 그리스도로 말미암아 하나님의 아들들이 되면 창조의 목적이 이루어지는 것입니다.

4.

성령은 독자적으로 계시는
제 삼위의 하나님이 아니라
아버지 하나님의 생명의 활동입니다

1.
아버지 하나님 속에 있는 생명이 활동을 하시면 성령입니다

존재론적 삼위일체 교리 안에서 세 분 하나님들을 믿는 기독교인들은 성령을 제 삼위(三位)의 하나님으로 믿고 있습니다. 성부 하나님이 일위(一位), 성자 예수님이 이위(二位), 성령이 삼위(三位)라고 하면서 세 분 하나님을 말하고 있습니다. 성령은 독자적으로 계시는 삼위(三位)의 하나님이 아니라 아버지 하나님의 생명의 활동입니다.

"23 저희가 일자를 정하고 그의 우거하는 집에 많이 오니 바울이 아침부터 저녁까지 강론하여 하나님 나라를 증거하고 모세의 율법과 선지자의 말을 가지고 예수의 일로 권하더라 24 그 말을 믿는 사람도 있고 믿지 아니하는 사람도 있어 25 서로 맞지 아니하여 흩어질 때에 바울이 한 말로 일러 가로되 성령이 선지자 이사야로 너희 조상들에게 말씀하신 것이 옳도다 26 일렀으되 이 백성에게 가서 말하기를 너희가 듣기는 들어도 도무지 깨닫지 못하며 보기는 보아도 도무지 알지 못하는도다 27 이 백성들의 마음이 완악하여져서 그 귀로는 둔하게 듣고 그 눈을 감았으니 이는 눈으로 보고 귀로 듣고 마음으로 깨달아 돌아와 나의 고침을 받을까 함이라 하였으니 28 그런즉 하나님의 이 구원을 이방인에게로 보내

신 줄 알라 저희는 또한 들으리라 하더라"(행28:23-28)
"9 여호와께서 가라사대 가서 이 백성에게 이르기를 너희가 듣기는 들어도 깨닫지 못할 것이요 보기는 보아도 알지 못하리라 하여 10 이 백성의 마음으로 둔하게 하며 그 귀가 막히고 눈이 감기게 하라 염려컨대 그들이 눈으로 보고 귀로 듣고 마음으로 깨닫고 다시 돌아와서 고침을 받을까 하노라"(사6:9-10)

사도 바울이 이사야에 기록된 말씀으로 "성령이 선지자 이사야로 너희 조상들에게 말씀하신 것이 옳도다"라고 했는데 이사야에 기록은 "여호와께서 가라사대 가서 이 백성에게 이르기를 너희가 듣기는 들어도 깨닫지 못할 것이요 보기는 보아도 알지 못하리라"라고 되어 있습니다. 이사야에 여호와께서 하신 말씀을 사도행전에는 성령이 말씀하셨다고 했습니다.

"15 또한 성령이 우리에게 증거하시되 16 주께서 가라사대 그 날 후로는 저희와 세울 언약이 이것이라 하시고 내 법을 저희 마음에 두고 저희 생각에 기록하리라 하신 후에 17 또 저희 죄와 저희 불법을 내가 다시 기억지 아니하리라 하셨으니 18 이것을 사하셨은즉 다시 죄를 위하여 제사드릴 것이 없느니라"(히10:15-18)
"33 나 여호와가 말하노라 그러나 그 날 후에 내가 이스라엘 집에 세울 언약은 이러하니 곧 내가 나의 법을 그들의 속에 두며 그 마음에 기록하여 나는 그들의 하나님이 되고 그들은 내 백성이 될 것이라 34 그들이 다시는 각기 이웃과 형제를 가리켜 이르기를 너는 여호와를 알라 하지 아니하리니 이는 작은 자로부터 큰 자까지 다 나를 앎이니라 내가 그들의 죄악을 사하고 다시는 그 죄를 기억지 아니하리라 여호와의 말이니라"(렘31:33-34)

히브리서 10장 15-18절 말씀은 예레미야 31장 33-34절에서 인용한 말씀인데 예레미야서에는 여호와가 말씀하셨다고 되어 있는데 히브리서에는 성령이 우리에게 증거하신다고 되어 있습니다.

"7 그러므로 성령이 이르신 바와 같이 오늘날 너희가 그의 음성을 듣거든 8 노하심을 격동하여 광야에서 시험하던 때와 같이 너희 마음을 강퍅케 하지 말라"(히3:7-8)

"7 대저 저는 우리 하나님이시요 우리는 그의 기르시는 백성이며 그 손의 양이라 너희가 오늘날 그 음성 듣기를 원하노라 8 이르시기를 너희는 므리바에서와 같이 또 광야 맛사의 날과 같이 너희 마음을 강퍅하게 말지어다 9 그 때에 너희 열조가 나를 시험하며 나를 탐지하고 나의 행사를 보았도다"(시95:7-9)

"5 여호와께서 모세에게 이르시되 백성 앞을 지나가서 이스라엘 장로들을 데리고 하수를 치던 네 지팡이를 손에 잡고 가라 6 내가 거기서 호렙산 반석 위에 너를 대하여 서리니 너는 반석을 치라 그것에서 물이 나리니 백성이 마시리라 모세가 이스라엘 장로들의 목전에서 그대로 행하니라 7 그가 그 곳 이름을 맛사라 또는 므리바라 불렀으니 이는 이스라엘 자손이 다투었음이요 또는 그들이 여호와를 시험하여 이르기를 여호와께서 우리 중에 계신가 아닌가 하였음이더라"(출17:5-7)

히브리서 3장 7-8절과 시편 95편 7-9절과 출애굽기 17장 5-7절에 말씀하신 사건은 동일한 사건인데 히브리서에는 '성령이 이르신 바와 같이'라고 했고 시편에는 하나님이 말씀하신 것으로, 출애굽기에는 여호와께서 말씀하신 것으로 기록되어 있습니다. 하나님 아버지의 이름이 여호와이시고 하나님은 아버지의 성(姓)입니다. 그리고 성령은 아버지의 생명의 활동이므로 여호와가 말씀하신 것과 하나님이 말씀하신 것과 성령이 말씀하신 것은 같은 분이 말씀하신 것입니다. 삼위일체 하나님이라서가 아니라 성령이 아버지 하나님의 생명의 활동이기 때문입니다.

"말하는 이는 너희가 아니라 너희 속에서 말씀하시는 자 곧 너희 아버지의 성령이시니라" (마10:20)

성령을 아버지의 소유격으로 말씀하셨습니다.

"예수께서 세례를 받으시고 곧 물에서 올라오실새 하늘이 열리고 하나님의 성령이 비둘기같이 내려 자기 위에 임하심을 보시더니" (마3:16)
"그러나 내가 하나님의 성령을 힘입어 귀신을 쫓아내는 것이면 하나님의 나라가 이미 너희에게 임하였느니라" (마12:28)
"육에 속한 사람은 하나님의 성령의 일을 받지 아니하나니 저희에게는 미련하게 보임이요 또 깨닫지도 못하나니 이런 일은 영적으로라야 분변함이니라" (고전2:14)
"너희가 하나님의 성전인 것과 하나님의 성령이 너희 안에 거하시는 것을 알지 못하느뇨" (고전3:16)
"너희 중에 이와 같은 자들이 있더니 주 예수 그리스도의 이름과 우리 하나님의 성령 안에서 씻음과 거룩함과 의롭다 하심을 얻었느니라" (고전6:11)
"하나님의 성령을 근심하게 하지 말라 그 안에서 너희가 구속의 날까지 인치심을 받았느니라" (엡4:30)
"하나님의 성령으로 봉사하며 그리스도 예수로 자랑하고 육체를 신뢰하지 아니하는 우리가 곧 할례당이라" (빌3:3)

성령은 독자적으로 계신 하나님이 아니라 하나님의 성령입니다.

"내가 아버지께로서 너희에게 보낼 보혜사 곧 아버지께로서 나오시는 진리의 성령이 오실 때에 그가 나를 증거하실 것이요"(요15:26)
"그러하나 내가 너희에게 실상을 말하노니 내가 떠나가는 것이 너희에게 유익이라 내가 떠나가지 아니하면 보혜사가 너희에게로 오시지 아니할 것이요 가면 내가 그를 너희에게로 보내리니"(요16:7)

예수님이 아버지께로 가시면 보혜사 곧 진리의 성령을 보내시는데 성령은 아버지께로 나온다고 말씀하셨습니다. 성령이 아버지 속에 있는 생명이라서 예수님이 아버지 안으로 가시면 성령이 아버지로부터 믿는 자에게로 오신다는 말씀입니다. 지금까지 살펴본 말씀을 근거로 성령은 제 삼위(三位)의 독자적인 하나님이 아니라 아버지 하나님의 생명(生命)의 활동(活動)입니다.

2.
성령은 독자적인 형체가 없고 독자적인 인격도 없습니다

생명을 가진 살아 있는 사람은 그 생명을 몸을 통해 나타냅니다. 사람 속에 있는 생명은 보이지 않지만 사람이 활동을 하면 이로써 생명이 그 사람 속에 있음을 알 수 있습니다. 영체로서 사람의 형체로 계시는 여호와의 생명은 볼 수 없지만 여호와 하나님이 활동을 하시면 하나님의 살아 계심을 알 수 있습니다. 하나님이 형체가 없어서 볼 수 없는 것이 아니라 죄가 있는 사람이 거룩하신 하나님을 보면 살 수 없으므로 하나님은 볼 수 없다고 한 것입니다.

"18 모세가 가로되 원컨대 주의 영광을 내게 보이소서 19 여호와께서 가라사대 내가 나의 모든 선한 형상을 네 앞으로 지나게 하고 여호와의 이름을 네 앞에 반포하리라 나는 은혜 줄 자에게 은혜를 주고 긍휼히 여길 자에게 긍휼을 베푸느니라 20 또 가라사대 네가 내 얼굴을 보지 못하리니 나를 보고 살 자가 없음이니라 21 여호와께서 가라사대 보라 내 곁에 한 곳이 있으니 너는 그 반석 위에 섰으라 22 내 영광이 지날 때에 내가 너를 반석 틈에 두고 내가 지나도록 내 손으로 너를 덮었다가 23 손을 거두리니 네가 내 등을 볼 것이요 얼굴은 보지 못하리라"(출33:18-23)

여호와 하나님이 모세에게 "네가 내 얼굴을 보지 못하리니 나를 보고 살 자가 없음이니라"라고 말씀하시고 또 "네가 내 등을 볼 것이요 얼굴은 보지 못하리라"라고 말씀하셨습니다. 죄가 있는 사람은 여호와 하나님을 볼 수 없습니다. 하나님을 볼 수는 없지만 하나님의 살아 계심은 알 수 있습니다. 하나님께서 살아 역사하시기 때문입니다. 생명이 있는 사람과 그 사람의 몸을 통해 나타나는 생명의 활동은 나눌 수가 없습니다. 마찬가지로 여호와와 여호와 하나님의 생명의 활동인 성령은 나뉘지지 않습니다. 그래서 성령은 독자적인 형체는 없지만 성령의 형체가 곧 아버지(여호와)이십니다.

아타나시우스의 삼위일체 신조 44 (부록 참조)

3. 이 신앙은 다음의 것들이다. 우리는 삼위일체 되신 한 분 하나님을 믿는다.
4. 이 삼위일체는 인격을 혼합한 것도 아니요, 그 본질을 나눈 것도 아니다.
5. 왜냐하면 아버지의 한 인격과 아들의 다른 인격, 또한 성령의 또 다른 인격이 계시기 때문이다.
6. 그러나 성부와 성자와 성령의 머리 되심은 모두가 다 하나요, 그 영광도 동일하며, 그 위엄도 함께 영원한 것이다.
7. 성부와 성자와 성령은 그 자체로 존재한다.

아타나시우스의 존재론적 삼위일체 신조에는 성부와 성자와 또 다른 성령의 인격이 있다고 했는데 성부 하나님의 인격과 성자 예수님의 인격은 있으나 성령은 독자적인 인격이 없습니다.

"13 그러하나 진리의 성령이 오시면 그가 너희를 모든 진리 가운데로 인도하시리니 그가 자의로 말하지 않고 오직 듣는 것을 말하시며 장래 일을 너희에게 알리시리라 14 그가 내 영광을 나타내리니 내 것을 가지고 너희에게 알리겠음이니라" (요16:13-14)

예수님이 오시는 성령에 대하여 "진리의 성령이 오시면 그가 자의(自意)로 말하지 않고 오직 듣는 것을 말하시며 그가 내 영광을 나타내리니 내 것을 가지고 너희에게 알리겠음이니라"라고 말씀하셨습니다. 성령은 독자적인 인격을 가지고 계시는 제 삼위의 하나님이 아니시므로 자의(自意)로 말씀하지 아니하시고 또 예수님의 것을 가지고 믿는 자들에게 알리신다고 했습니다.

3.
구약에는 성신, 신약에는 성령으로 기록되었습니다

 구약의 성신은 여호와 하나님의 생명의 활동이며 신약의 성령은 아버지 하나님의 생명의 활동입니다. 구약에 말씀하신 여호와가 신약에 일하시는 아버지이시기 때문에 성신과 성령은 같습니다.

 "17 이는 선지자 이사야로 말씀하신바 18 보라 나의 택한 종 곧 내 마음에 기뻐하는바 나의 사랑하는 자로다 내가 내 성령을 줄 터이니 그가 심판을 이방에 알게 하리라 19 그가 다투지도 아니하며 들레지도 아니하리니 아무도 길에서 그 소리를 듣지 못하리라 20 상한 갈대를 꺾지 아니하며 꺼져가는 심지를 끄지 아니하기를 심판하여 이길 때까지 하리니 21 또한 이방들이 그 이름을 바라리라 함을 이루려 하심이니라"(마 12:17-21)

 "1 내가 붙드는 나의 종, 내 마음에 기뻐하는 나의 택한 사람을 보라 내가 나의 신을 그에게 주었은즉 그가 이방에 공의를 베풀리라 2 그는 외치지 아니하며 목소리를 높이지 아니하며 그 소리로 거리에 들리게 아니하며 3 상한 갈대를 꺾지 아니하며 꺼져가는 등불을 끄지 아니하고 진리로 공의를 베풀 것이며 4 그는 쇠하지 아니하며 낙담하지 아니하고 세상에 공의를 세우기에 이르리니 섬들이 그 교훈을 앙망하리라 5 하늘을 창조하여 펴시고 땅과 그 소산을 베푸시며 땅 위의 백성에게 호흡을 주시며 땅에 행하는 자에게 신을 주시는 하나님 여호와께서 이같이 말씀하시되 6 나 여호와가 의로 너를 불렀은즉 내가 네 손을 잡아 너를 보호하며 너를 세워 백성의 언약과 이방의 빛이 되게 하리니 7 네가 소경의 눈을 밝히며 갇힌 자를 옥에서 이끌어 내며 흑암에 처한 자를 간에서 나오게 하리라"(사42:1-7)

마태복음 12장 17-21절에는 "내가 내 성령을 줄 터이니"라고 기록되었는데 이사야 42장 1-7절에는 "내가 나의 신을 그에게 주었은즉"이라고 기록되었습니다.

"17 선지자 이사야의 글을 드리거늘 책을 펴서 이렇게 기록한 데를 찾으시니 곧 18 주의 성령이 내게 임하셨으니 이는 가난한 자에게 복음을 전하게 하시려고 내게 기름을 부으시고 나를 보내사 포로된 자에게 자유를, 눈먼 자에게 다시 보게 함을 전파하며 눌린 자를 자유케 하고 19 주의 은혜의 해를 전파하게 하려 하심이라 하였더라"(눅4:17-19)

"1 주 여호와의 신이 내게 임하셨으니 이는 여호와께서 내게 기름을 부으사 가난한 자에게 아름다운 소식을 전하게 하려 하심이라 나를 보내사 마음이 상한 자를 고치며 포로된 자에게 자유를, 갇힌 자에게 놓임을 전파하며 2 여호와의 은혜의 해와 우리 하나님의 신원의 날을 전파하여 모든 슬픈 자를 위로하되 3 무릇 시온에서 슬퍼하는 자에게 화관을 주어 그 재를 대신하며 희락의 기름으로 그 슬픔을 대신하며 찬송의 옷으로 그 근심을 대신하시고 그들로 의의 나무 곧 여호와의 심으신 바 그 영광을 나타낼 자라 일컬음을 얻게 하려 하심이니라"(사61:1-3)

누가복음 4장 17-19절에는 "주의 성령이 내게 임하셨으니"라고 기록되었는데 이사야 61장 1-3절에는 "주 여호와의 신이 내게 임하셨으니"라고 기록되었습니다.

"41 바리새인들이 모였을 때에 예수께서 그들에게 물으시되 42 너희는 그리스도에 대하여 어떻게 생각하느냐 뉘 자손이냐 대답하되 다윗의 자손이니이다 43 가라사대 그러면 다윗이 성령에 감동하여 어찌 그리스도를 주라 칭하여 말하되 44 주께서 내 주께 이르시되 내가 네 원수를 네 발 아래 둘 때까지 내 우편에 앉았으라 하셨도다 하였느냐 45 다윗이 그리스도를 주라 칭하였은즉 어찌 그의 자손이 되겠느냐 하시니"(마22:41-45)

"9 주의 얼굴을 내 죄에서 돌이키시고 내 모든 죄악을 도말하소서 10 하나님이여 내 속에 정한 마음을 창조하시고 내 안에 정직한 영을 새롭게 하소서 11 나를 주 앞에서 쫓아내지 마시며 주의 성신을 내게서 거두지 마소서 12 주의 구원의 즐거움을 내게 회복시키시고 자원하는 심령을 주사 나를 붙드소서 13 그러하면 내가 범죄자에게 주의 도를 가르치리니 죄인들이 주께 돌아오리이다"(시51:9-13)

마태복음 22장 41-45절에는 예수님께서 다윗이 성령에 감동하여 그리스도를 주라 칭하였다고 했는데 시편 51편 9-13절에는 다윗이 우리야의 아내 밧세바와 동침하고 하나님께 범죄 했는데 하나님께서 선지자 나단을 보내신 때에 다윗이 하나님께 간구하여 "주의 성신을 내게서 거두지 마소서"라고 기도했습니다. 구약의 말씀을 인용하여 기록된 신약의 말씀에는 성령으로 기록되었는데 구약의 원래 말씀에는 성신으로 기록된 것을 확인했습니다. 이로써 구약의 성신이 신약에는 성령으로 기록되었고 구약의 성신과 신약의 성령이 같다는 것을 알 수 있습니다.

구약에 성신으로 기록한 이유는 예수 그리스도께서 오시기 전이므로 여호와의 생명을 사람 속에 주실 수 없기 때문입니다. 신약에 성령으로 기록한 이유는 예수 그리스도의 이름으로 세례를 받고 죄 사함을 얻는 자들의 마음에 성령을 선물로 주시기 때문입니다.

4.
과정을 거치신 성령이 그리스도의 영입니다

예수님은 성령으로 잉태되셨습니다. 아버지께서 아버지의 생명인 성령을 예수님께 주시므로 예수님이 하나님의 아들이 되셨습니다.

"예수 그리스도의 나심은 이러하니라 그 모친 마리아가 요셉과 정혼하고 동거하기 전에 성령으로 잉태된 것이 나타났더니"(마1:18)
"아버지께서 자기 속에 생명이 있음같이 아들에게도 생명을 주어 그 속에 있게 하셨고"(요5:26)
"또한 이와 같이 그리스도께서 대제사장 되심도 스스로 영광을 취하심이 아니요 오직 말씀하신 이가 저더러 이르시되 너는 내 아들이니 내가 오늘날 너를 낳았다 하셨고"(히5:5)

아버지가 아들을 낳으신 것은 아버지께서 자기 속에 생명이 있음같이 아들에게도 생명을 주어 그 속에 있게 하신 것입니다. 이것이 또한 예수님이 성령으로 잉태되신 것입니다.

"말씀이 육신이 되어 우리 가운데 거하시매 우리가 그 영광을 보니 아버

지의 독생자의 영광이요 은혜와 진리가 충만하더라"(요1:14)

말씀이 육신이 되신 예수님의 생명은 아버지가 주신 생명인 성령인데 예수님 속에 있는 성령은 사람이신 예수님의 생명과 하나님이신 아버지의 생명이 연합된 생명입니다. 이 연합된 생명이 그리스도입니다. 그래서 사람이신 예수님을 그리스도라고 하는 것입니다.

"그러나 이 은사는 그 범죄와 같지 아니하니 곧 한 사람의 범죄를 인하여 많은 사람이 죽었은즉 더욱 하나님의 은혜와 또는 한 사람 예수 그리스도의 은혜로 말미암은 선물이 많은 사람에게 넘쳤으리라"(롬5:15)
"하나님은 한 분이시요 또 하나님과 사람 사이에 중보(中保)도 한 분이시니 곧 사람이신 그리스도 예수라"(딤전2:5)
"1 나의 자녀들아 내가 이것을 너희에게 씀은 너희로 죄를 범치 않게 하려 함이라 만일 누가 죄를 범하면 아버지 앞에서 우리에게 대언자가 있으니 곧 의로우신 예수 그리스도시라 2 저는 우리 죄를 위한 화목제물이니 우리만 위할 뿐 아니요 온 세상의 죄를 위하심이라"(요일2:1-2)

예수님은 완전한 사람으로서 십자가를 지셨기 때문에 모든 사람의 죄를 위한 화목제물이 될 수 있었고 또 하나님과 사람 사이에 중보(中保)도 되셨습니다.

"복스러운 소망과 우리의 크신 하나님 구주 예수 그리스도의 영광이 나타나심을 기다리게 하셨으니"(딛2:13)
"조상들도 저희 것이요 육신으로 하면 그리스도가 저희에게서 나셨으니 저는 만물 위에 계셔 세세에 찬양을 받으실 하나님이시니라 아멘"(롬9:5)

완전한 사람이신 예수님이 또한 크신 하나님이시오, 만물 위에 계셔 세세에 찬양을 받으실 하나님이십니다. 어떻게 예수님은 사람이면서 또 하나님이 되실까요? 예수님의 육체는 동정녀 마리아를 통해 세상에 오셨으므로 죄가 없는 사람이시고 예수님의 생명은 아버지의 생명인 성령이시므로 세세에 찬양을 받으실 하나님이시오, 크신 하나님이십니다.

"5 너희 안에 이 마음을 품으라 곧 그리스도 예수의 마음이니 6 그는 근본 하나님의 본체시나 하나님과 동등됨을 취할 것으로 여기지 아니하시고 7 오히려 자기를 비어 종의 형체를 가져 사람들과 같이 되었고 8 사람의 모양으로 나타나셨으매 자기를 낮추시고 죽기까지 복종하셨으니 곧 십자가에 죽으심이라"(빌2:5-8)

근본 하나님의 본체가 오셔서 육신을 입고 사람이 되신 분이 바로 예수 그리스도이신데 자기를 낮추시고 죽기까지 복종하시므로 십자가에서 죽으셨습니다.

"내가 그리스도와 함께 십자가에 못 박혔나니 그런즉 이제는 내가 산 것이 아니요 오직 내 안에 그리스도께서 사신 것이라 이제 내가 육체 가운데 사는 것은 나를 사랑하사 나를 위하여 자기 몸을 버리신 하나님의 아들을 믿는 믿음 안에서 사는 것이라"(갈2:20)
"10 여호와께서 그로 상함을 받게 하시기를 원하사 질고를 당케 하셨은즉 그 영혼을 속건제물로 드리기에 이르면 그가 그 씨를 보게 되며 그 날은 길 것이요 또 그의 손으로 여호와의 뜻을 성취하리로다 11 가라사대 그가 자기 영혼의 수고한 것을 보고 만족히 여길 것이라 나의 의로운 종이 자기 지식으로 많은 사람을 의롭게 하며 또 그들의 죄악을 친히 담당하리라 12 이러므로 내가 그로 존귀한 자와 함께 분깃을 얻게 하며 강한 자와 함께 탈취한 것을 나누게 하리니 이는 그가 자기 영혼을 버려 사망에 이르게 하며 범죄자 중 하나로 헤아림을 입었음이라 그러나 실상은 그가 많은 사람의 죄를 지며 범죄자를 위하여 기도하였느니라 하시니라" (사53:10-12)
"그리스도께서도 한 번 죄를 위하여 죽으사 의인으로서 불의한 자를 대신하셨으니 이는 우리를 하나님 앞으로 인도하려 하심이라 육체로는 죽임을 당하시고 영으로는 살리심을 받으셨으니" (벧전3:18)

예수님은 십자가에서 자기의 몸과 육체를 버리셨습니다. 그리고 예수님의 영혼은 속건제물로 드려졌고 사망에 이르렀다고 했습니다. 십자가에서 예수님의 몸과 육체 그리고 영혼까지도 다 사망에 이르렀는데 아버지께서 예수님을 영으로 살리셨습니다. 예수님이 영으로 살리심을 받은 이유는 믿는 자들 속으로 오셔야 하기 때문입니다. 그리스도께서 믿는 자의 영에 들어오시려면 반드시 영으로 오셔야 합니다.

"9 만일 너희 속에 하나님의 영이 거하시면 너희가 육신에 있지 아니하고 영에 있나니 누구든지 그리스도의 영이 없으면 그리스도의 사람이 아니라 10 또 그리스도께서 너희 안에 계시면 몸은 죄로 인하여 죽은 것이나 영은 의를 인하여 산 것이니라 11 예수를 죽은 자 가운데서 살리신 이의 영이 너희 안에 거하시면 그리스도 예수를 죽은 자 가운데서 살리신 이가 너희 안에 거하시는 그의 영으로 말미암아 너희 죽을 몸도 살리시리라" (롬8:9-11)

누구든지 그리스도의 영이 없으면 그리스도의 사람이 아니라고 했습니다. 또 그리스도께서 너희 안에 계시면 몸은 죄로 인하여 죽은 것이나 영은 의를 인하여 살았다고 했습니다. 내가 그리스도와 함께 십자가에서 죽었다고 믿는 자들 속에 그리스도께서 영으로 오셔야 믿는 자의 영이 산다고 말씀하셨습니다. 그리고 그 영으로 죄로 인해 죽은 믿는 자의 몸까지 살리신다고 했습니다(롬8:11).

"아들을 낳으리니 이름을 예수라 하라 이는 그가 자기 백성을 저희 죄에서 구원할 자이심이라 하니라"(마1:21)
"13 예수께서 가이사랴 빌립보 지방에 이르러 제자들에게 물어 가라사대 사람들이 인자를 누구라 하느냐 14 가로되 더러는 세례 요한, 더러는 엘리야, 어떤 이는 예레미야나 선지자 중의 하나라 하나이다 15 가라사대 너희는 나를 누구라 하느냐 16 시몬 베드로가 대답하여 가로되 주는 그리스도시요 살아 계신 하나님의 아들이시니이다"(마16:13-16)

하나님의 아들이신 예수님이 그리스도입니다. 이것을 모르는 기독교인들은 없을 것입니다. 그러나 많은 기독교인들이 예수와 그리스도의 차이를 모릅니다. 예수 그리스도라고 할 때 예수는 사람의 이름이고 그리스도는 예수님 안에 있는 생명입니다. 예수님의 생명인 그리스도를 믿는 자 안에 주셔서 하나님의 아들이 되게 하시는 것이 아버지의 뜻입니다.

"내 아버지의 뜻은 아들을 보고 믿는 자마다 영생을 얻는 이것이니 마지막 날에 내가 이를 다시 살리리라 하시니라"(요6:40)
"믿음으로 말미암아 그리스도께서 너희 마음에 계시게 하옵시고 너희가 사랑 가운데서 뿌리가 박히고 터가 굳어져서"(엡3:17)

예수님을 보고 믿는 자마다 영생을 얻는 것이 아버지의 뜻이라고 했는데, 믿는 자들의 마음에는 그리스도께서 계신다고 했습니다. 그리스도가 영생이고 영생이 아버지의 생명이므로 그리스도가 마음에 계시는 자들이 구원받은 하나님의 아들들이 된 것입니다.

> **그리스도**
>
> 그리스도(고대 그리스어: Χριστός크리스토스[*])는 히브리어 구약성경의 '메시아'가 헬라어 신약성경의 '크리스토스'와 영어 '크라이스트'를 거쳐 한글로 번역된 단어다. **그리스도는 "기름 부음을 받은 자"라는 뜻이다.** 그 외 크리스트, 크라이스트, 기리사독(基利斯督) 모두 그리스도의 동의어다. 그리스도는 구약성경에서 '기름 부음을 받은 자'라는 뜻을 가진 히브리어의 메시아(히브리어: משׁח 마쉬하)를 70인 역에서 그리스어로 번역하는 과정에서 처음 사용하였다. 기름 부음은 아벨의 제사에 기름을 사용한 데 기인한다. 그리스도는 기독교 신약성경에서 예수를 대표하는 제목으로 사용한다. 일반적으로 그리스도는 나사렛 예수와 동의어로 사용된다. 그러나 그리스도의 실제적 의미는 고대 그리스어: Χρίω 크리오[*]→기름 붓는다에서 온 단어로, '기름 부음을 받은 자'라는 뜻이다. 일반적으로 알려지지 않은 것은 **그리스도는 기름 부음을 주는 자라는 뜻을 함께 가지고 있다.** 기독교는 예수 그리스도를 하나님으로 여긴다.
>
> [출처 : 위키백과]

"너희는 거룩하신 자에게서 기름 부음을 받고 모든 것을 아느니라"(요일2:20)

"너희는 주께 받은바 기름 부음이 너희 안에 거하나니 아무도 너희를 가르칠 필요가 없고 오직 그의 기름 부음이 모든 것을 너희에게 가르치며 또

참되고 거짓이 없으니 너희를 가르치신 그대로 주 안에 거하라"(요일2:27)

그리스도의 뜻은 '기름 부음을 받은 자'입니다. 그런데 '기름 부음을 주는 자'라는 뜻도 함께 가지고 있습니다. 예수님만 기름 부음을 받은 그리스도가 아니고, 믿는 자들도 기름 부음을 받습니다. 믿는 자들이 기름 부음을 받으면 믿는 자들도 그리스도입니다. 기름 부음이 믿는 자 안에 거한다고 했습니다. 기름 부음을 받으신 그리스도께서 믿는 자 안에 들어오시면 믿는 자들에게 기름 부음이 되십니다. 그리스도께서 믿는 자들의 기름 부음이 되시면 믿는 자들이 그리스도로 말미암아 '그 그리스도'가 됩니다(계11:15).

> "9 만일 우리가 사람들의 증거를 받을진대 하나님의 증거는 더욱 크도다 하나님의 증거는 이것이니 그 아들에 관하여 증거하신 것이니라 10 하나님의 아들을 믿는 자는 자기 안에 증거가 있고 하나님을 믿지 아니하는 자는 하나님을 거짓말하는 자로 만드나니 이는 하나님께서 그 아들에 관하여 증거하신 증거를 믿지 아니하였음이라 11 또 증거는 이것이니 하나님이 우리에게 영생을 주신 것과 이 생명이 그의 아들 안에 있는 그것이니라 12 아들이 있는 자에게는 생명이 있고 하나님의 아들이 없는 자에게는 생명이 없느니라"(요일5:9-12)

하나님의 아들이 있는 자에게는 생명이 있고 없는 자에게는 생명이 없습니다. 이 생명이 바로 그리스도입니다. 그리스도는 아버지의 생명이신 성령이 예수라는 사람 속에 들어가 사람이신 예수의 생명과 하나 된 생명으로 예수님께서 십자가에서 돌아가실 때 아버지 속으로 가셨다가 "내가 그리스도와 함께 십자가에서 죽었다"라고 믿는 자들 속으로 두 번째 오셔서 믿는 자들로 하나님의 아들들이 되게 하는 아버지의 생명⁽영⁾입니다. 아버지의 생명이신 성령이 예수 그리스도를 통해 믿는 자들에게 오시면 이 영이 과정을 거치신 성령 곧 그리스도의 영입니다.

5.
성령을 믿는 자들의 마음에 보증으로 주십니다

그리스도가 믿는 자의 생명이 되시면 성령을 믿는 자들의 마음에 보증으로 주십니다.

"21 우리를 너희와 함께 그리스도 안에서 견고케 하시고 우리에게 기름을 부으신 이는 하나님이시니 22 저가 또한 우리에게 인치시고 보증으로 성령을 우리 마음에 주셨느니라"(고후1:21-22)

믿는 자들에게 기름을 부으시고 또한 인(印)치시고 보증(保證)으로 성령을 마음에 주셨습니다. 기름 부음을 받고 인치심을 받은 자들에게 보증으로 성령을 마음에 주신다고 했으므로 성령이 마음에 계시지 않는 자들은 구원받지 못한 자들입니다.

아타나시우스의 삼위일체 신조 44 (부록 참조)

19. 우리는 이 각각의 세 분이 그 스스로 하나님이시요, 주님이시라는 사실을 기독교의 진리로 받는 바이다.

24. 따라서 세 분 성부가 아닌 한 성부, 세 분 성자가 아닌 한 성자,

세 분 성령이 아닌 한 성령만이 계실 뿐이다.

아타나시우스의 존재론적 삼위일체 교리 안에서 하나님을 믿는 기독교인들은 성부도 한 분, 성자도 한 분, 성령도 한 분이라고 믿고 있습니다. 성경 어디에도 성령이 한 분이라는 말씀이 없습니다. 만약 성령이 한 분이라면 기름을 부으시고 또한 인치신 자들에게 보증으로 성령을 주실 수가 없습니다. 성령은 성부와 성자와 또 다른 하나님이 아니라 아버지 하나님의 생명이 곧 성령입니다.

> "베드로가 가로되 너희가 회개하여 각각 예수 그리스도의 이름으로 세례를 받고 죄 사함을 얻으라 그리하면 성령을 선물로 받으리니"(행2:38)
> "너희가 그 은혜를 인하여 믿음으로 말미암아 구원을 얻었나니 이것이 너희에게서 난 것이 아니요 하나님의 선물이라"(엡2:8)

예수 그리스도의 이름으로 세례를 받고 죄 사함을 얻으면 성령을 선물로 주십니다. 그런데 구원도 믿는 자들에게 주시는 하나님의 선물이라고 했습니다. 그리스도가 마음에(엡3:17) 계시면 구원인데 또 보증으로 성령을 믿는 자의 마음에 주시는 것입니다. 그리스도와 함께 성령을 믿는 자들에게 선물로 주십니다.

> "9 만일 너희 속에 하나님의 영이 거하시면 너희가 육신에 있지 아니하고 영에 있나니 누구든지 그리스도의 영이 없으면 그리스도의 사람이 아니라 10 또 그리스도께서 너희 안에 계시면 몸은 죄로 인하여 죽은 것이나 영은 의를 인하여 산 것이니라"(롬8:9-10)
> "성령이 친히 우리 영으로 더불어 우리가 하나님의 자녀인 것을 증거하

시나니"(롬8:16)

믿는 자의 속에 하나님의 영이 거하시면 이 사람은 영에 있는 사람이 되는 것인데 그리스도의 영이 없으면 그리스도의 사람이 아니라고 했습니다. 하나님의 영과 그리스도의 영은 같은 영이 아닙니다. 하나님의 영과 성령은 아버지의 영입니다. 그리스도의 영은 아들의 영입니다. 그래서 성령이 믿는 자의 영으로 더불어 믿는 자가 하나님의 자녀인 것을 증거하신다고 했습니다. 그리스도의 영이 믿는 자의 영과 하나가 된 것을 성령이 믿는 자 속에 계시면서 증거하시는 것입니다.

"너희가 아들인 고로 하나님이 그 아들의 영을 우리 마음 가운데 보내사 아바 아버지라 부르게 하셨느니라"(갈4:6)
"무릇 하나님의 영으로 인도함을 받는 그들은 곧 하나님의 아들이라"(롬8:14)

아들의 영이 마음 가운데 있는 자들이 하나님의 아들이고 하나님의 영으로 인도함을 받는 자들이 하나님의 아들입니다. 아들의 영은 그리스도의 영이고 하나님의 영은 성령 곧 아버지의 영입니다. 아버지의 영과 아들의 영이 곧 성령과 그리스도의 영이 반드시 함께 믿는 자들 안으로 오셔야 합니다. 예수님이 하신 말씀이 이루어져야 하기 때문입니다.

"예수께서 대답하여 가라사대 사람이 나를 사랑하면 내 말을 지키리니 내 아버지께서 저를 사랑하실 것이요 우리가 저에게 와서 거처를 저와 함께하리라"(요14:23)
"우리는 하나님의 동역자들이요 너희는 하나님의 밭이요 하나님의 집이니라"(고전3:9)

믿는 자들이 하나님의 집입니다. 예수님을 사랑해서 예수님의 말씀을 지키는 자들에게 예수님과 아버지가 함께 오셔서 거처를 함께 하신다고 했습니다. 육체가 있는 믿는 자 속에 그리스도와 성령이 함께 오셔서 예수님이 하신 말씀을 이루시는 것입니다.

"우리 생명이신 그리스도께서 나타나실 그 때에 너희도 그와 함께 영광 중에 나타나리라"(골3:4)

믿는 자 속에서 그리스도는 생명(生命)이 되시고 그리스도가 믿는 자의 생명이 되신 것을 성령이 보증(保證)하십니다.

5.
'그'로서 일하시는 하나님을 알아야 한 분 하나님을 믿을 수 있습니다

1.
여호와 하나님이 '그'로 일하십니다

영원부터 영원까지 한 분 하나님이신 여호와께서 창조의 목적을 이루시기 위하여 '그'로 일하십니다.

> "이 일을 누가 행하였느냐 누가 이루었느냐 누가 태초부터 만대를 명정하였느냐 나 여호와라 태초에도 나요 나중 있을 자에게도 내가 곧 그니라" (사41:4)

태초부터 일하신 분도 여호와 하나님이시오, 나중 있을 자가 있는데 '내가 곧 그'라고 말씀하십니다. 처음부터 끝까지 여호와께서 일하신다면 "태초에도 나요, 나중에도 내가 행하느니라"라고 말씀하시면 될 텐데 왜 나중 있을 자에게는 삼인칭 단수 대명사 '그'로 말씀하시는 걸까요? 그 이유는 여호와가 아닌 분이 오시기 때문입니다. 그런데 또 '내가 곧 그'라고 말씀하시므로 다른 분이 아니라 여호와께서 나중에도 일하시는 분으로 말씀하셨습니다. '그'라고 말씀하신 여호와 하나님의 경륜의 비밀을 깨닫지 못하면 절대로 이 말씀을 이해할 수가 없습니다.

"12 야곱아 나의 부른 이스라엘아 나를 들으라 나는 그니 나는 처음이요 또 마지막이라 13 과연 내 손이 땅의 기초를 정하였고 내 오른손이 하늘에 폈나니 내가 부르면 천지가 일제히 서느니라 14 너희는 다 모여 들으라 나 여호와의 사랑하는 자가 나의 뜻을 바벨론에 행하리니 그의 팔이 갈대아인에게 임할 것이라 그들 중에 누가 이 일을 예언하였느뇨 15 나 곧 내가 말하였고 또 내가 그를 부르며 그를 인도하였나니 그 길이 형통하리라 16 너희는 내게 가까이 나아와 이 말을 들으라 내가 처음부터 그것을 비밀히 말하지 아니하였나니 그 말이 있을 때부터 내가 거기 있었노라 하셨느니라 이제는 주 여호와께서 나와 그 신을 보내셨느니라"(사48:12-16)

이사야 48장 12-16절 말씀은 연결된 하나의 내용으로 되어 있습니다. 이 말씀을 통해서 여호와께서 어떻게 '그'로 일하시는지 알 수 있습니다. 이사야 48장 12-15절 말씀은 여호와께서 하셨습니다. 그런데 16절 말씀은 보내심을 받은 '그'가 말씀하셨습니다. 15절 말씀에 "여호와께서 말씀하셨고 여호와께서 그를 부르며 그를 인도하시므로 그 길이 형통하리라"라고 말씀하셨는데 16절에 "너희는 내게 가까이 나아와 이 말을 들으라 내가 처음부터 그것을 비밀히 말하지 아니하였나니 그 말이 있을 때부터 내가 거기 있었노라"라고 말씀하신 분은 여호와가 아니라 보내심을 받은 분입니다. 보내심을 받은 분이 누구이신지 모르는 기독교인들은 없을 것입니다. 예수님과 그(하나님) 신이 함께 보내심을 받았습니다. 여기서 하나님의 신은 앞에 4장에서 기록한 대로 하나님의 영 곧 성령을 말합니다.

"하나님이 그 아들을 세상에 보내신 것은 세상을 심판하려 하심이 아니요 저로 말미암아 세상이 구원을 받게 하려 하심이라"(요3:17)

"예수께서 이르시되 나의 양식은 나를 보내신 이의 뜻을 행하며 그의 일을 온전히 이루는 이것이니라"(요4:34)

"내가 진실로 진실로 너희에게 이르노니 내 말을 듣고 또 나 보내신 이를 믿는 자는 영생을 얻었고 심판에 이르지 아니하나니 사망에서 생명으로 옮겼느니라"(요5:24)

"36 내게는 요한의 증거보다 더 큰 증거가 있으니 아버지께서 내게 주사 이루게 하시는 역사 곧 나의 하는 그 역사가 아버지께서 나를 보내신 것을 나를 위하여 증거하는 것이요 37 또한 나를 보내신 아버지께서 친히 나를 위하여 증거하셨느니라 너희는 아무 때에도 그 음성을 듣지 못하였고 그 형용을 보지 못하였으며 38 그 말씀이 너희 속에 거하지 아니하니 이는 그의 보내신 자를 믿지 아니함이니라"(요5:36-38)

"예수께서 대답하여 가라사대 하나님의 보내신 자를 믿는 것이 하나님의 일이니라 하시니"(요6:29)

요한복음에만 하나님 아버지께서 예수님을 보내셨다는 말씀이 50구절이 넘습니다. 예수님은 이사야 선지자를 통해서 성경에 미리 말씀하신 그대로 하나님 아버지께서 세상을 구원하시려고 보내신 하나님의 아들입니다.

"6 이는 한 아기가 우리에게 났고 한 아들을 우리에게 주신 바 되었는데 그 어깨에는 정사를 메었고 그 이름은 기묘자라, 모사라, 전능하신 하나님이라, 영존하시는 아버지라, 평강의 왕이라 할 것임이라 7 그 정사와 평강의 더함이 무궁하며 또 다윗의 위에 앉아서 그 나라를 굳게 세우고 자금 이후 영원토록 공평과 정의로 그것을 보존하실 것이라 만군의 여호와의 열심이 이를 이루시리라"(사9:6-7)

한 아기가 났고 한 아들을 주셨는데 그 아기가 바로 "전능하신 하나님이시오, 영존하시는 아버지"라고 했습니다. 예수님은 영원부터 계신 아들이 오신 것이 아니라 여호와 하나님께서 직접 오셔서 육신을 입고 사람이 되신 분입니다. 이 사실을 이사야 선지자를 통해서 먼저 말씀하셨고 또 이 비밀을 하나님의 계시로(엡3:2-4) 깨달은 사도 바울이 "하나님의 근본 본체이신 분이 오셔서 사람이 되신 분이 바로 예수 그리스도"라고 증거하고 있습니다.

"5 너희 안에 이 마음을 품으라 곧 그리스도 예수의 마음이니 6 그는 근본 하나님의 본체시나 하나님과 동등됨을 취할 것으로 여기지 아니하시고 7 오히려 자기를 비어 종의 형체를 가져 사람들과 같이 되었고 8 사람의 모양으로 나타나셨으매 자기를 낮추시고 죽기까지 복종하셨으니 곧 십자가에 죽으심이라"(빌2:5-8)

여호와 하나님이 직접 오셔서 육신을 입고 사람이 되신 분이 예수 그리스도이시므로 예수님도 예수님 안에 아버지가 계신다고 말씀하셨고 예수님과 아버지가 하나라고 말씀하셨습니다.

"6 예수께서 가라사대 내가 곧 길이요 진리요 생명이니 나로 말미암지 않고는 아버지께로 올 자가 없느니라 7 너희가 나를 알았더면 내 아버지도 알았으리로다 이제부터는 너희가 그를 알았고 또 보았느니라 8 빌립이 가로되 주여 아버지를 우리에게 보여 주옵소서 그리하면 족하겠나이다 9 예수께서 가라사대 빌립아 내가 이렇게 오래 너희와 함께 있으되 네가 나를 알지 못하느냐 나를 본 자는 아버지를 보았거늘 어찌하여 아버지를 보이라 하느냐 10 나는 아버지 안에 있고 아버지는 내 안에 계신 것을 네가 믿지 아니하느냐 내가 너희에게 이르는 말이 스스로 하는 것이 아니라 아버지께서 내 안에 계셔 그의 일을 하시는 것이라 11 내가 아버지 안에 있고 아버지께서 내 안에 계심을 믿으라 그렇지 못하겠거든 행하는 그 일을 인하여 나를 믿으라"(요14:6-11)

"나와 아버지는 하나이니라 하신대"(요10:30)

여호와 하나님께서 삼인칭 단수 대명사 '그'로 일하신다고 말씀하신 것은 영원부터 계신 하나님의 아들이 오신 것이 아니라 아버지가 직접 오셔서 육신을 입고 사람이 되셨기 때문입니다. '그'이신 예수님은 아들이지 아버지가 아닙니다. 그런데 예수님은 아버지와 따로 계시는 아들이 아니라 아버지와 함께이신 아들이기 때문에 '그'라고 말씀하신 것입니다. 곧 여호와로 말미암아 여호와가 아닌 여호와가 '그'입니다.

2.
여호와로 말미암아 여호와가 아닌 여호와가 '그'이신 예수 그리스도입니다

여호와로 말미암아 여호와가 아닌 여호와라고 하면 말장난 같기도 하고 또 선뜻 이해하기 어려울 수도 있습니다. 그러나 여호와께서 '내가 곧 그'라고 하신 말씀을 생각해 보면 '나'라는 일인칭이신 여호와가 계시는데 여호와가 아닌 '그'라는 삼인칭인 존재가 있다고 말씀하시면서 또 '내가 곧 그'라고 말씀을 하시니 이것이 여호와로 말미암아 여호와가 아닌 여호와를 가리켜 말씀하신 것이라고 표현한 것입니다. 사람에게는 있을 수 없는 일이지만 전능하신 여호와께서 자기의 생명을 분배하심으로 아들들을 얻기 위해 삼인칭 단수 대명사 '그'로 일하시는 것입니다.

"24 이러므로 내가 너희에게 말하기를 너희가 너희 죄 가운데서 죽으리라 하였노라 너희가 만일 내가 그인 줄 믿지 아니하면 너희 죄 가운데서 죽으리라 25 저희가 말하되 네가 누구냐 예수께서 가라사대 나는 처음부터 너희에게 말하여 온 자니라 26 내가 너희를 대하여 말하고 판단할 것이 많으나 나를 보내신 이가 참되시매 내가 그에게 들은 그것을 세상에게 말하노라 하시되 27 저희는 아버지를 가리켜 말씀하신 줄을 깨닫지 못하더라" (요8:24-27)

예수님이 유대인들에게 "내가 그인 줄 믿지 아니하면 너희가 너희 죄 가운데서 죽으리라"라고 말씀하셨는데 여기서 예수님이 말씀하신 '그'는 아버지입니다. "나를 보내신 이가 참되시매 내가 그에게 들은 그것을 세상에게 말하노라"라고 하시면서 그는 곧 아버지라고 말씀하셨습니다. 여기서 한 가지 중요한 사실은 예수님은 아들이지 절대 아버지가 아닙니다. 아버지가 오셔서 위치만 바꿔 아들이 되신 것이 아닙니다. 이렇게 믿는 자들은 이단 교리인 양태론(樣態論)을 믿는 것입니다. 여호와께서 전에도 없었고 후에도 없을 지음을 받은 신을 보내셨는데 그분이 바로 동정녀 마리아에게서 나신 예수 그리스도입니다.

"10 나 여호와가 말하노라 너희는 나의 증인, 나의 종으로 택함을 입었나니 이는 너희로 나를 알고 믿으며 내가 그인 줄 깨닫게 하려 함이라 나의 전에 지음을 받은 신이 없었느니라 나의 후에도 없으리라 11 나 곧 나는 여호와라 나 외에 구원자가 없느니라 12 내가 고하였으며 구원하였으며 보였고 너희 중에 다른 신이 없었나니 그러므로 너희는 나의 증인이요 나는 하나님이니라 여호와의 말이니라" (사43:10-12)

너희를 나의 증인과 종으로 택한 것은 너희로 나(여호와)를 알고 믿으며 내가 그인 줄 깨닫게 하려 함이라고 말씀하시면서 "나의 전에 지음을 받은 신이 없었느니라 나의 후에도 없으리라"라고 말씀하셨습니다. 이 말씀은 지음을 받은 신이 전에도 없었고 후에도 없었는데 지금은 있다는 뜻입니다. 전무후무(前無後無)라고 할 때는 없는 것을 말하기 위함이 아니라 하나밖에 없는 일을 말하기 위함입니다. 여호와 하나님 편에서 지음을 받은 신이 곧 예수 그리스도입니다. 내가 그인 줄 깨닫게 하신다는 것은 여호와 하나님이 직접 오셔서 육신을 입고 사람이 되신 분이 예수 그리스도라는 것을 깨달아 알게 하신다는 것입니다.

> "여호와는 영이 유여하실지라도 오직 하나를 짓지 아니하셨느냐 어찌하여 하나만 지으셨느냐 이는 경건한 자손을 얻고자 하심이니라 그러므로 네 심령을 삼가 지켜 어려서 취한 아내에게 궤사를 행치 말지니라"(말2:15)

여호와께서는 얼마든지 영을 지으실 수 있지만 오직 하나를 지으셨는데 이는 경건한 자손을 얻고자 하심이라고 했습니다. 하나만 지은 영이 첫 사람 아담이라고 생각할 수도 있지만 첫 사람 아담은 절대로 경건한 자손이 아닙니다. 만약 아담이 경건한 자손이라면 예수님이 오셔서 십자가에 못 박혀 죽을 이유가 전혀 없습니다. 예수님은 죄인을 구원하시려고 오셨습니다. 첫 사람 아담은 죄인이지 경건한 자손이 아닙니다. 아담이 죄인이기 때문에 아담으로부터 난 모든 사람은 다 죄인입니다. 그래서 죄인들을 구원하셔서 경건한 자손을 만드시기 위해 먼저 경건한 자손이신 예수 그리스도를 지으신 것입니다. 하나님이 경건한 자손을 얻으시는 방법은 첫 열매이신 그리스도로 말미암아 믿는 자들을 그리스도와 똑같은 첫 열매가 되게 하시는 것입니다.

> "그러나 이제 그리스도께서 죽은 자 가운데서 다시 살아 잠자는 자들의 첫 열매가 되셨도다"(고전15:20)
> "그가 그 조물 중에 우리로 한 첫 열매가 되게 하시려고 자기의 뜻을 좇아 진리의 말씀으로 우리를 낳으셨느니라"(약1:18)
> "이뿐 아니라 또한 우리 곧 성령의 처음 익은 열매를 받은 우리까지도 속으로 탄식하여 양자될 것 곧 우리 몸의 구속을 기다리느니라"(롬8:23)

여기서 '첫 열매'나 '처음 익은 열매'는 순서(順序)가 아니라 상태(狀態)를 말하는 것입니다. 만약 '첫 열매'가 순서를 뜻하는 것이라면 이미 그리스도께서 첫 열매가 되셨으므로 다음은 둘째 열매, 셋째 열매라고 해야 하는데 성경에는 첫 열매만 있고 둘째 열매, 셋째 열매가 없습니다. 이것은 순서(順序)가 아니라 상태(狀態)를 말씀하는 것입니다. 첫 열매이신 그리스도와 처음 익은 열매를 받은 믿는 자들이 똑같은 상태가 되는 것을 말씀하신 것입니다. 곧 경건한 자손으로 경건한 자손을 만드신다는 말씀입니다. 경건한 자손은 하나님의 아들들을 말합니다. 예수 그리스도로 말미암아 많은 하나님의 아들들을 얻기 위해 여호와 하나님이 '그'로 일하시는 것이 곧 여호와로 말미암아 여호와가 아닌 여호와이신 예수 그리스도가 오셔서 하나님의 일을 하시는 것입니다.

3.
예수님이 십자가에 달리신 후에야
예수님이 '그'이신 줄 알 수 있습니다

하나님의 경륜(經綸)은 예수 그리스도로 말미암아 많은 하나님의 아들들을 얻는 것입니다. 이 창조의 목적을 이루기 위해서 예수님은 십자가에 못 박히셨고 예수님의 영혼과 몸과 육체까지 다 제물로 드려졌습니다.

"10 여호와께서 그로 상함을 받게 하시기를 원하사 질고를 당케 하셨은즉 그 영혼을 속건제물로 드리기에 이르면 그가 그 씨를 보게 되며 그 날은 길 것이요 또 그의 손으로 여호와의 뜻을 성취하리로다 11 가라사대 그가 자기 영혼의 수고한 것을 보고 만족히 여길 것이라 나의 의로운 종이 자기 지식으로 많은 사람을 의롭게 하며 또 그들의 죄악을 친히 담당하리라 12 이러므로 내가 그로 존귀한 자와 함께 분깃을 얻게 하며 강한 자와 함께 탈취한 것을 나누게 하리니 이는 그가 자기 영혼을 버려 사망에 이르게 하며 범죄자 중 하나로 헤아림을 입었음이라 그러나 실상은 그가 많은 사람의 죄를 지며 범죄자를 위하여 기도하였느니라 하시니라" (사53:10-12)
"그리스도께서도 한 번 죄를 위하여 죽으사 의인으로서 불의한 자를 대신하셨으니 이는 우리를 하나님 앞으로 인도하려 하심이라 육체로는 죽임을 당하시고 영으로는 살리심을 받으셨으니" (벧전3:18)

예수님의 영혼과 몸과 육체까지 다 죽었는데 하나님 아버지께서 예수님의 영을 다시 살리셨고 살리심을 받은 예수님의 영은 많은 열매를 맺어서 아버지 안으로 가셨습니다.

> "내가 진실로 진실로 너희에게 이르노니 한 알의 밀이 땅에 떨어져 죽지 아니하면 한 알 그대로 있고 죽으면 많은 열매를 맺느니라"(요12:24)
> "그날에는 내가 아버지 안에, 너희가 내 안에, 내가 너희 안에 있는 것을 너희가 알리라"(요14:20)

다시 살리심을 받은 예수님의 영(그리스도)이 반드시 아버지 안으로 가셔야 아버지로부터 믿는 자들 안으로 그리스도께서 두 번째 오셔서 믿는 자들이 하나님의 아들들이 될 수 있습니다. 믿는 자들 안으로 오시는 그리스도가 과정을 거치신 성령 곧 아버지의 생명입니다. 그리스도가 안에 계신 자들은 아버지의 생명을 받았으므로 하나님의 아들이 되는 것입니다. 만약 예수님이 아타나시우스의 존재론적 삼위일체(三位一體) 삼신론(三神論) 교리 안에서 믿는 것처럼 하나님 아버지 오른쪽으로 가셨다면 예수님은 절대로 믿는 자들 안으로 들어오실 수 없습니다.

> "내가 아버지께로 나와서 세상에 왔고 다시 세상을 떠나 아버지께로 가노라 하시니"(요16:28)

아버지께로 나와서 세상에 오신 예수님은 다시 세상을 떠나 아버지께로 가실 때에 반드시 아버지 안으로 가셔야 합니다. 그래야 믿는 자들이 하나님 아버지의 생명을 받아 하나님의 친아들들이 될 수 있습니다. 그래서 예수님은 "너희는 인자를 든 후에 내가 그인 줄을 안다"라고 말씀하셨습니다.

> "14 모세가 광야에서 뱀을 든 것같이 인자도 들려야 하리니 15 이는 저를 믿는 자마다 영생을 얻게 하려 하심이니라"(요3:14-15)
>
> "28 이에 예수께서 가라사대 너희는 인자를 든 후에 내가 그인 줄을 알고 또 내가 스스로 아무것도 하지 아니하고 오직 아버지께서 가르치신 대로 이런 것을 말하는 줄도 알리라 29 나를 보내신 이가 나와 함께 하시도다 내가 항상 그의 기뻐하시는 일을 행하므로 나를 혼자 두지 아니하셨느니라"(요8:28-29)
>
> "지금부터 일이 이루기 전에 미리 너희에게 이름은 일이 이룰 때에 내가 그인 줄 너희로 믿게 하려 함이로라"(요13:19)

모세가 광야에서 뱀을 든 것같이 인자도 들려야 한다고 예수님이 말씀하셨는데 그 이유가 믿는 자마다 영생을 얻게 하려 하심이라고 했습니다. 반드시 예수님이 십자가에 달려 돌아가셔야 믿는 자들이 하나님 아버지의 생명인 영생을 얻을 수 있다는 말씀입니다. 인자를 든 후에 예수님을 '그'로 안다는 것은 예수님이 아버지께로 곧 아버지 안으로 가셨다는 것을 아는 것입니다. 그래서 예수님은 일이 이룰 때에 '내가 그'인 줄 너희로 믿게 하려고 미리 말씀하셨다고 했습니다.

> "18 내가 너희를 고아와 같이 버려 두지 아니하고 너희에게로 오리라 19 조금 있으면 세상은 다시 나를 보지 못할 터이로되 너희는 나를 보리니 이는 내가 살았고 너희도 살겠음이라 20 그 날에는 내가 아버지 안에, 너희가 내 안에, 내가 너희 안에 있는 것을 너희가 알리라"(요14:18-20)

예수님은 말씀하신 그대로 아버지 안으로 가셨다가 다시 믿는 자들 안으로 오셔서 믿는 자들의 생명(영생)이 되시는 분입니다. 하나님을 믿는 자는 자기 안에 증거가 있어야 합니다.

"10 하나님의 아들을 믿는 자는 자기 안에 증거가 있고 하나님을 믿지 아니하는 자는 하나님을 거짓말하는 자로 만드나니 이는 하나님께서 그 아들에 관하여 증거하신 증거를 믿지 아니하였음이라 11 또 증거는 이것이니 하나님이 우리에게 영생을 주신 것과 이 생명이 그의 아들 안에 있는 그것이니라 12 아들이 있는 자에게는 생명이 있고 하나님의 아들이 없는 자에게는 생명이 없느니라"(요일5:10-12)

하나님이 믿는 자에게 주신 증거는 영생입니다. 그런데 이 생명이 하나님의 아들 안에 있으므로 아들이 있는 자에게는 생명이 있고 아들이 없는 자에게는 생명이 없다고 했습니다. 하나님 아버지가 주시는 영생이 따로 있는 것이 아니라 예수 그리스도가 곧 영생입니다.

"또 아는 것은 하나님의 아들이 이르러 우리에게 지각을 주사 우리로 참된 자를 알게 하신 것과 또한 우리가 참된 자 곧 그의 아들 예수 그리스도 안에 있는 것이니 그는 참 하나님이시요 영생이시라"(요일5:20)
"그가 우리에게 약속하신 약속이 이것이니 곧 영원한 생명이니라"(요일2:25)

하나님이 우리에게 약속하신 영생을 주시는 것이 곧 예수 그리스도께서 믿는 자 안에 들어오시는 것입니다. 믿는 자 안에 들어오시기 위해 예수님은 반드시 아버지 안으로 가셔야 합니다. 예수님이 아버지 안으로 가신 것에 대해 "내가 이기고 아버지 보좌에 함께 앉았다"라고 말씀하셨습니다.

> "이기는 그에게는 내가 내 보좌에 함께 앉게 하여 주기를 내가 이기고 아버지 보좌에 함께 앉은 것과 같이 하리라"(계3:21)

예수님이 사망 권세를 이기고 앉으신 보좌(寶座)는 아버지의 보좌인데 그 보좌가 바로 예수님의 보좌라고 말씀하셨습니다. 하늘에 보좌(寶座)는 하나밖에 없습니다. 보좌는 하나님의 다스리심과 통치하심, 곧 주권(主權)을 말하는 것입니다. 그래서 예수님이 앉으실 보좌가 따로 있는 것이 아니라 예수님이 아버지 안으로 가시면 아버지의 보좌에 앉으신 것입니다.

> "5 보좌에 앉으신 이가 가라사대 보라 내가 만물을 새롭게 하노라 하시고 또 가라사대 이 말은 신실하고 참되니 기록하라 하시고 6 또 내게 말씀하시되 이루었도다 나는 알파와 오메가요 처음과 나중이라 내가 생명수 샘물로 목마른 자에게 값없이 주리니 7 이기는 자는 이것들을 유업으로 얻으리라 나는 저의 하나님이 되고 그는 내 아들이 되리라"(계21:5-7)

보좌에 앉으신 이가 이기는 자의 아버지가 되시고 이기는 자는 아들이 된다고 했습니다. 이로 보건대 보좌에 앉으신 분은 아버지이십니다. 부활하신 예수님이 보좌에 앉으셨다는 것은 보좌에 앉으신 아버지 안으로 가셨다는 것입니다. 그래서 부활하신 예수님은 이제 아버지로 계십니다. 양태론 교리처럼 예수님이 아버지가 되셨다는 것이 절대 아닙니다. 아버지 안에 영원히 계신다는 것입니다. 이제 아버지 밖에 존재하는 아들 예수 그리스도는 없습니다. 그리고 하늘(sky) 구름을 타고 오실 예수도 없습니다. 오직 아버지 안에서 믿는 자 안으로 오시는 그리스도만 계실 뿐입니다.

4.
그리스도께서 영으로 믿는 자들 안에 오시면 믿는 자들이 '그 그리스도'입니다

두 번째 오시는 그리스도는 구원을 이루시려고 자기를 바라는 자들에게 오신다고 했습니다.

"이와 같이 그리스도도 많은 사람의 죄를 담당하시려고 단번에 드리신 바 되셨고 구원에 이르게 하기 위하여 죄와 상관 없이 자기를 바라는 자들에게 두 번째 나타나시리라" (히9:28)

초림(初臨) 예수는 온 세상 죄를 위한 화목제물이 되셨지만 재림(再臨) 예수는 많은 사람의 죄를 담당하시려고 믿는 자 안으로 오십니다. 그리스도께서 믿는 자들 속으로 두 번째 오셔야 믿는 자 속에 있는 죄들이 사라집니다. 사람의 죄는 사람의 몸에 있습니다. 그래서 몸에 있는 죄가 없어지려면 죄를 없이 하실 수 있는 그리스도께서 사람 안으로 들어오셔야 합니다. 그리스도께서 사람 안에 들어오셔도 몸에 있는 죄가 바로 사라지는 것은 아닙니다.

"9 만일 너희 속에 하나님의 영이 거하시면 너희가 육신에 있지 아니하고 영에 있나니 누구든지 그리스도의 영이 없으면 그리스도의 사람이 아니라 10 또 그리스도께서 너희 안에 계시면 몸은 죄로 인하여 죽은 것이나 영은 의를 인하여 산 것이니라 11 예수를 죽은 자 가운데서 살리신 이의 영이 너희 안에 거하시면 그리스도 예수를 죽은 자 가운데서 살리신 이가 너희 안에 거하시는 그의 영으로 말미암아 너희 죽을 몸도 살리시리라"(롬8:9-11)

그리스도께서 믿는 자 안에 들어오시면 하나님의 의이신 그리스도로 말미암아 믿는 자의 영이 먼저 살게 됩니다. 그리고 그 영으로 죽을 몸도 살리신다고 했습니다. 영으로 죽을 몸을 살리는 방법은 영으로써 몸의 행실을 죽이는 것입니다.

"12 그러므로 형제들아 우리가 빚진 자로되 육신에게 져서 육신대로 살 것이 아니니라 13 너희가 육신대로 살면 반드시 죽을 것이로되 영으로써 몸의 행실을 죽이면 살리니 14 무릇 하나님의 영으로 인도함을 받는 그들은 곧 하나님의 아들이라"(롬8:12-14)
"또 무리에게 이르시되 아무든지 나를 따라오려거든 자기를 부인하고 날마다 제 십자가를 지고 나를 좇을 것이니라"(눅9:23)

그리스도께서 십자가에서 죽을 때 나도 함께 죽었으므로(갈2:20) 내 몸에서 죄가 나올 때마다 내가 십자가를 지고 주님을 좇으므로 죄의 생명을 십자가에 못 박아 죽이면 이것이 영으로써 몸의 행실을 죽이는 것입니다. 이 사람이 바로 하나님의 영으로 인도함을 받는 하나님의 아들입니다.

"7 우리가 이 보배를 질그릇에 가졌으니 이는 능력의 심히 큰 것이 하나님께 있고 우리에게 있지 아니함을 알게 하려 함이라 8 우리가 사방으로 우겨쌈을 당하여도 싸이지 아니하며 답답한 일을 당하여도 낙심하지 아니하며 9 핍박을 받아도 버린 바 되지 아니하며 거꾸러뜨림을 당하여도 망하지 아니하고 10 우리가 항상 예수 죽인 것을 몸에 짊어짐은 예수의 생명도 우리 몸에 나타나게 하려 함이라 11 우리 산 자가 항상 예수를 위하여 죽음에 넘기움은 예수의 생명이 또한 우리 죽을 육체에 나타나게 하려 함이니라"(고후4:7-11)

보배이신 그리스도를 흙으로 지은 사람인 질그릇에 가지면 그 사람에게서 하나님의 능력이 나타나 어떤 환경에도 죄를 이기는 자가 되고 예수의 생명인 그리스도가 그 사람의 몸에 죽을 육체에 나타난다고 했습니다. 그래서 이기는 자가 되기 위하여 예수 죽인 것을 항상 몸에 짊어지고 예수를 위하여 항상 죽음에 넘기우라고 했습니다.

"십자가의 도가 멸망하는 자들에게는 미련한 것이요 구원을 얻는 우리에게는 하나님의 능력이라"(고전1:18)

십자가의 도가 멸망하는 자들에게는 미련한 것이요, 구원을 얻는 우리에게는 하나님의 능력이라고 했습니다. 십자가가 믿는 자들에게 능력이 되는 것은 십자가에서 우리의 옛 생명이 죽고 새 생명이신 그리스도께서 사시기 때문입니다.

"3 무릇 그리스도 예수와 합하여 세례를 받은 우리는 그의 죽으심과 합하여 세례받은 줄을 알지 못하느뇨 4 그러므로 우리가 그의 죽으심과 합하여 세례를 받음으로 그와 함께 장사되었나니 이는 아버지의 영광으로 말미암아 그리스도를 죽은 자 가운데서 살리심과 같이 우리로 또한 새 생명 가운데서 행하게 하려 함이니라"(롬6:3-4)

"3 이는 너희가 죽었고 너희 생명이 그리스도와 함께 하나님 안에 감취었음이니라 4 우리 생명이신 그리스도께서 나타나실 그 때에 너희도 그와 함께 영광 중에 나타나리라"(골3:3-4)

믿음으로 그리스도와 함께 죽고 함께 장사(葬事) 지낸 바 된 자들을 그리스도를 죽은 자 가운데서 살리심과 같이 새 생명 가운데 행하게 하신다고 했습니다. 그리스도가 믿는 자 안에 들어오셔서 믿는 자의 생명이 되시면 믿는 자가 새 생명을 받은 '그 그리스도'가 됩니다. 그리스도로 말미암아 그리스도가 아닌 그리스도가 바로 '그 그리스도'입니다.

"일곱째 천사가 소리내는 날 그 나팔을 불게 될 때에 하나님의 비밀이 그 종 선지자들에게 전하신 복음과 같이 이루리라"(계10:7)

"일곱째 천사가 나팔을 불매 하늘에 큰 음성들이 나서 가로되 세상 나라가 우리 주와 그 그리스도의 나라가 되어 그가 세세토록 왕 노릇 하시리로다 하니"(계11:15)

일곱째 천사가 나팔을 불게 될 때에 하나님의 비밀이 복음과 같이 이루어진다고 했는데 일곱째 천사가 나팔을 불매 "세상 나라가 우리 주와 그 그리스도의 나라가 되어 그가 세세토록 왕 노릇 하시리로다"라는 큰 음성이 났습니다. 요한계시록에 기록된 천사의 나팔은 말씀이 이루어지는 상태(狀態)이지 귀로 들리는 소리를 말하는 것이 아닙니다. 특히 요한계시록의 말씀은 상태(狀態)로 풀지 않으면 제대로 된 해석이 나올 수가 없게 되어 있습니다. 선지자들에게 전하신 복음과 같이 이루어지는 하나님의 비밀이 무엇인지 모르면 일곱째 천사의 나팔에 대한 올바른 해석을 할 수가 없습니다.

(1) 하나님의 비밀과 그리스도의 비밀 그리고 그리스도와 교회의 비밀

하나님의 비밀은 그리스도입니다.

> "이는 저희로 마음에 위안을 받고 사랑 안에서 연합하여 원만한 이해의 모든 부요에 이르러 하나님의 비밀인 그리스도를 깨닫게 하려 함이라" (골2:2)

그리스도의 비밀은 믿는 자 안에 계신 그리스도입니다.

> "26 이 비밀은 만세와 만대로부터 옴으로 감취었던 것인데 이제는 그의 성도들에게 나타났고 27 하나님이 그들로 하여금 이 비밀의 영광이 이방인 가운데 어떻게 풍성한 것을 알게 하려 하심이라 이 비밀은 너희 안에 계신 그리스도시니 곧 영광의 소망이니라" (골1:26-27)

그리스도와 교회의 비밀은 사람(남자)이 부모를 떠나 그 아내(여자)와 합하여 그 둘이 한 육체가 되는 것인데 여기서 남자는 그리스도에 대한 예표(豫表)이며 여자는 교회에 대한 예표(豫表)입니다. 결국 그리스도와 교회가 하나가 되는 것이 성경의 가장 큰 비밀입니다.

"31 이러므로 사람이 부모를 떠나 그 아내와 합하여 그 둘이 한 육체가 될지니 32 이 비밀이 크도다 내가 그리스도와 교회에 대하여 말하노라" (엡5:31-32)

그리스도와 교회가 하나가 될 때에 거기서 많은 하나님의 아들들이 나오게 되고 예수 그리스도로 말미암아 많은 하나님의 아들들을 얻으시는 하나님의 뜻이 이루어집니다.

(2) 어떻게 세상 나라가 우리 주와 그 그리스도의 나라가 됩니까?

요한계시록에서 말씀하고 있는 세상 나라는 지구상에 존재하는 나라가 아닙니다. 구원받은 사람들이 하나님의 나라가 됩니다. 구원받기 전의 사람들을 세상 나라라고 한 것입니다.

"5 또 충성된 증인으로 죽은 자들 가운데서 먼저 나시고 땅의 임금들의 머리가 되신 예수 그리스도로 말미암아 은혜와 평강이 너희에게 있기를 원하노라 우리를 사랑하사 그의 피로 우리 죄에서 우리를 해방하시고 6 그 아버지 하나님을 위하여 우리를 나라와 제사장으로 삼으신 그에게 영광과 능력이 세세토록 있기를 원하노라 아멘" (계1:5-6)

우리를 사랑하셔서 예수 그리스도의 피로 우리 죄에서 우리를 해방하시고 아버지 하나님을 위하여 우리를 나라와 제사장으로 삼으셨습니다. 사람이 나라가 됩니다.

> "9 새 노래를 노래하여 가로되 책을 가지시고 그 인봉을 떼기에 합당하시도다 일찍 죽임을 당하사 각 족속과 방언과 백성과 나라 가운데서 사람들을 피로 사서 하나님께 드리시고 10 저희로 우리 하나님 앞에서 나라와 제사장을 삼으셨으니 저희가 땅에서 왕 노릇 하리로다 하더라"(계5:9-10)

일찍 죽임을 당하신 어린 양이 각 족속과 방언과 백성과 나라 가운데서 사람들을 피로 사서 하나님께 드리시고 피로 사신 그들을 하나님 앞에서 나라와 제사장을 삼으셨는데 그들이 땅에서 왕 노릇을 한다고 했습니다. 구원받은 사람이 나라가 되고 그 나라에서 왕 노릇을 하는 자들도 구원받은 사람입니다. 하늘에 가서 왕 노릇을 하는 것이 아니라 땅에서 왕 노릇 합니다. 믿는 자의 육체가 살아 있을 때 믿는 자의 속에 하나님의 나라가 이루어지고 그 나라의 왕 노릇을 한다는 말씀입니다. 육체가 있는 사람을 땅이라고 합니다.

> "22 성 안에 성전을 내가 보지 못하였으니 이는 주 하나님 곧 전능하신 이와 및 어린 양이 그 성전이심이라 23 그 성은 해나 달의 비침이 쓸데없으니 이는 하나님의 영광이 비취고 어린 양이 그 등이 되심이라 24 만국이 그 빛 가운데로 다니고 땅의 왕들이 자기 영광을 가지고 그리로 들어오리라 25 성문들을 낮에 도무지 닫지 아니하리니 거기는 밤이 없음이라 26 사람들이 만국의 영광과 존귀를 가지고 그리로 들어오겠고 27 무엇이든지 속된 것이나 가증한 일 또는 거짓말하는 자는 결코 그리로 들어오지 못하되 오직 어린 양의 생명책에 기록된 자들뿐이라"(계21:22-27)

거룩한 성 예루살렘에 만국(萬國)이 그 빛 가운데로 다니고 땅의 왕들이 자기 영광을 가지고 그리로 들어온다고 했습니다. 사람들이 만국의 영광과 존귀를 가지고 거룩한 성 예루살렘에 들어오는데 오직 어린 양의 생명책에 기록된 자들이라고 했습니다. 성경에 기록된 나라는 사람이고 사람에 대한 예표(豫表)입니다.

"20 바리새인들이 하나님의 나라가 어느 때에 임하나이까 묻거늘 예수께서 대답하여 가라사대 하나님의 나라는 볼 수 있게 임하는 것이 아니요 21 또 여기 있다 저기 있다고도 못하리니 하나님의 나라는 너희 안에 있느니라" (눅17:20-21)

하나님의 나라가 사람 속에 이루어진다고 예수님이 말씀하셨습니다.

"일곱째 천사가 나팔을 불매 하늘에 큰 음성들이 나서 가로되 세상 나라가 우리 주와 그 그리스도의 나라가 되어 그가 세세토록 왕 노릇 하시리로다 하니" (계11:15)

세상 나라가 우리 주와 그 그리스도의 나라가 된다는 것은 구원받지 못한 사람이 구원받으면 그 사람이 그리스도께서 다스리는 나라가 되고 그리스도는 믿는 자의 주가 되시고 믿는 자는 '그 그리스도'가 되어서 땅에서 왕 노릇을 한다는 것입니다. 육체가 있는 사람이 세상에 살면서 하나님의 나라가 되고 그 나라를 다스리는 왕이 되는 것을 말합니다. 그리스도가 믿는 자 안에 들어오셔서 믿는 자의 생명이 되시면 믿는 자가 그리스도로 말미암아 그리스도가 아닌 그리스도 곧 '그 그리스도'가 됩니다.

5.
믿는 자들이 하나님의 친아들이 되는 길을 막아버린 사도신경

✝

그리스도께서 믿는 자 안에 들어오시는 것이 구원입니다. 예수 그리스도께서 믿는 자 안으로 들어오시지 않으면 한 사람도 구원을 받을 수가 없습니다. 그런데 기독교인들이 사용하는 신앙고백인 사도신경을 보면 그리스도께서 믿는 자들 안으로 들어오시는 길을 완전히 막아버리고 있습니다.

> **사도신경**
>
> 사도신경(使徒信經, 라틴어 : Symbolum Apostolicum) 또는 사도신조는 기독교에서 사용되는 신앙고백의 하나로 주로 서방교회에서 기도문으로 활용한다. '로마신조'에서 유래한 기독교인들의 신앙고백문으로 주기도문(마태복음6:9-13)과 달리 성경에는 나와 있지 않다.
>
> 초대교회, 즉 2세기 교회에서 정리한 세례의 믿음 고백 형식이 3세기 이래로 발전하여 사도신경의 기본이 되었다. 4세기가 되어 처음으로 사도신경이란 이름으로 불리며 사도적 기원과 설화가 나타났다. 5세기 들어서야 현재 형태를 갖추었으며, 10세기 완결된 형태로 오토 대제가 니케아-콘스탄티노플 신경과 함께 서방교회에서 공식 사용하기 시작했다.
>
> [출처 : 위키백과]

사도신경 전문

전능하사 천지를 만드신 하나님 아버지를 내가 믿사오며, 그 **외아들 우리 주 예수 그리스도**를 믿사오니, 이는 성령으로 잉태하사 동정녀 마리아에게 나시고, 본디오 빌라도에게 고난을 받으사, 십자가에 못 박혀 죽으시고, 장사한 지 사흘 만에 죽은 자 가운데서 다시 살아나시며, 하늘에 오르사, 전능하신 **하나님 우편에 앉아 계시다가**, 저리로서 산 자와 죽은 자를 **심판하러 오시리라**. 성령을 믿사오며, 거룩한 공회와, 성도가 서로 교통하는 것과, 죄를 사하여 주시는 것과, 몸이 다시 사는 것과, 영원히 사는 것을 믿사옵나이다. 아멘.

예장통합 새 사도신조

나는 전능하신 아버지 하나님, 천지의 창조주를 믿습니다. 나는 **그의 유일하신 아들**, 우리 주 예수 그리스도를 믿습니다. 그는 성령으로 잉태되어 동정녀 마리아에게서 나시고, 본디오 빌라도에게 고난을 받아 십자가에 못 박혀 죽으시고, 장사된 지 사흘 만에 죽은 자 가운데서 다시 살아나셨으며, 하늘에 오르시어 전능하신 **아버지 하나님 우편에 앉아 계시다가**, 거기로부터 살아 있는 자와 죽은 자를 **심판하러 오십니다**. 나는 성령을 믿으며, 거룩한 공교회와 성도의 교제와 죄를 용서받는 것과 몸의 부활과 영생을 믿습니다. 아멘.

지금 기독교에서 사용되는 신앙고백인 사도신경을 보면 그 내용이 성경과 전혀 다른 부분들이 많습니다. 그중에서 세 가지만 언급하도록 하겠습니다.

(1) 예수님은 외아들이 아니라 맏아들입니다

사도신경에 예수님을 외아들이라고 했습니다. 이 부분을 예장통합 교단의 새 사도신조에서는 유일하신 아들이라고 했습니다. 성경 어디에도 예수님이 외아들이라는 말씀이 없습니다. 오히려 맏아들이라는 말씀은 세 군데에 기록되어 있습니다.

"3 모든 사람이 호적하러 각각 고향으로 돌아가매 4 요셉도 다윗의 집 족속인 고로 갈릴리 나사렛 동네에서 유대를 향하여 베들레헴이라 하는 다윗의 동네로 5 그 정혼한 마리아와 함께 호적하러 올라가니 마리아가 이미 잉태되었더라 6 거기 있을 그 때에 해산할 날이 차서 7 맏아들을 낳아 강보로 싸서 구유에 뉘었으니 이는 사관에 있을 곳이 없음이러라"(눅2:3-7)

"29 하나님이 미리 아신 자들로 또한 그 아들의 형상을 본받게 하기 위하여 미리 정하셨으니 이는 그로 많은 형제 중에서 맏아들이 되게 하려 하심이니라"(롬8:29)

"5 하나님께서 어느 때에 천사 중 누구에게 네가 내 아들이라 오늘날 내가 너를 낳았다 하셨으며 또 다시 나는 그에게 아버지가 되고 그는 내게 아들이 되리라 하셨느뇨 6 또 맏아들을 이끌어 세상에 다시 들어오게 하실 때에 하나님의 모든 천사가 저에게 경배할지어다 말씀하시며"(히1:5-6)

예수님은 맏아들이지 외아들이 아닙니다. 예수님이 외아들이라면 구원받을 사람이 하나도 없습니다. 왜냐하면 하나님 아버지의 생명을 받아서 하나님 아버지의 아들들이 되는 것이 구원이기 때문입니다. 예수님과 믿는 자들이 한 아버지에게서 난 형제라고 성경은 말씀하고 있습니다.

"거룩하게 하시는 자와 거룩하게 함을 입은 자들이 다 하나에서 난지라 그러므로 형제라 부르시기를 부끄러워 아니하시고"(히2:11)
"16 예수께서 마리아야 하시거늘 마리아가 돌이켜 히브리 말로 랍오니여 하니(이는 선생님이라) 17 예수께서 이르시되 나를 만지지 말라 내가 아직 아버지께로 올라가지 못하였노라 너는 내 형제들에게 가서 이르되 내가 내 아버지 곧 너희 아버지, 내 하나님 곧 너희 하나님께로 올라간다 하라 하신대 18 막달라 마리아가 가서 제자들에게 내가 주를 보았다 하고 또 주께서 자기에게 이렇게 말씀하셨다 이르니라"(요20:16-18)

거룩하게 하시는 자 예수 그리스도와 거룩함을 입은 자 곧 믿는 자들이 하나에서 났으므로 형제라 부르신다고 했습니다. 부활 후에 예수님이 막달라 마리아에게 "내가 내 아버지 곧 너희 아버지, 내 하나님 곧 너희 하나님께로 올라간다 하라"라고 말씀하셨습니다. 이전까지는 하나님 아버지가 너희 아버지가 아니었고 너희 하나님이 아니었지만 예수님이 아버지께로 가셨다가 다시 믿는 자들 안으로 오시면 하나님 아버지가 너희 아버지가 되고 너희 하나님이 된다는 말씀입니다. 사도신경을 하면서 예수님을 외아들로 믿는 자들은 한 사람도 구원받을 수 없습니다.

(2) 하나님 우편은 장소가 아니라 상태(狀態)입니다

사도신경을 하면서 하나님 우편에 예수님이 계신다고 생각하는 기독교인들은 100% 우편을 장소로 생각합니다. 하나님이 보좌 중앙에 앉아 계시고 예수님이 그 오른편에 앉아 계신다고 믿기 때문입니다. 이렇게 믿는 사람은 한 사람도 구원받을 수 없습니다. 그리스도께서 믿는 자 안에 들어오실 수 없기 때문입니다.

"예수께서 가라사대 네가 말하였느니라 그러나 내가 너희에게 이르노니 이후에 인자가 권능의 우편에 앉은 것과 하늘 구름을 타고 오는 것을 너희가 보리라 하시니"(마26:64)
"이는 하나님의 영광의 광채시요 그 본체의 형상이시라 그의 능력의 말씀으로 만물을 붙드시며 죄를 정결케 하는 일을 하시고 높은 곳에 계신 위엄의 우편에 앉으셨느니라"(히1:3)

예수님이 권능의 우편에 앉으셨고 높은 곳에 계신 위엄의 우편에 앉으셨다고 했습니다. 권능이나 위엄은 상태를 의미하는 단어입니다. 권능이나 위엄에는 우편, 좌편이 없습니다. 예수님이 권능의 상태로 위엄의 상태로 들어가셨다는 뜻입니다. 곧 보좌에 앉으셨다는 말씀입니다. 그런데 예장통합 교단에서 만든 새 사도신조에는 성경에도 없는 아버지 하나님 우편이라고 했습니다. 하나님 우편과 아버지 하나님 우편은 완전히 다른 뜻이 되어버립니다. 하나님은 아버지의 성(姓) 곧 생명이므로 우편이 상태를 뜻하는 것이지만 아버지 하나님은 영체로서 사람의 형체로 계시는 분을 말하는 것이므로 장소가 되어버립니다. 하나님 우편을 상태로 이해하지 못하고 장소로 아는 자들은 한 사람도 구원받을 수 없습니다.

(3) 두 번째 오시는 예수님은 심판이 아니라 구원하러 오십니다

초림(初臨) 예수님이 십자가에 죽으심으로 심판을 다 마치셨습니다. 심판은 곧 정죄입니다. 믿지 않는 자들은 믿지 않음으로 이미 심판을 받았고 믿는 자들은 그리스도와 함께 십자가에서 죽음으로 믿는 자의 옛사람이 심판을 받아버렸고 새사람이 되었습니다.

"16 하나님이 세상을 이처럼 사랑하사 독생자를 주셨으니 이는 저를 믿는 자마다 멸망치 않고 영생을 얻게 하려 하심이니라 17 하나님이 그 아들을 세상에 보내신 것은 세상을 심판하려 하심이 아니요 저로 말미암아 세상이 구원을 받게 하려 하심이라 18 저를 믿는 자는 심판을 받지 아니하는 것이요 믿지 아니하는 자는 하나님의 독생자의 이름을 믿지 아니하므로 벌써 심판을 받은 것이니라"(요3:16-18)

믿지 않는 자는 예수님을 믿지 아니하므로 벌써 심판을 받았고 믿는 자는 심판을 받지 않는다고 했는데 심판을 받지 않는 이유는 이미 심판을 그리스도와 함께 받았기 때문입니다.

"때에 예수를 판 유다가 그의 정죄됨을 보고 스스로 뉘우쳐 그 은 삼십을 대제사장들과 장로들에게 도로 갖다 주며"(마27:3)
"그 참람한 말을 너희가 들었도다 너희는 어떻게 생각하느뇨 하니 저희가 다 예수를 사형에 해당한 자로 정죄하고"(막14:64)

예수님이 정죄(定罪)되신 것은 예수님의 죄가 아니라 우리의 죄 때문입니다. 죄의 삯은 사망입니다. 죄가 없는 예수님이 정죄(定罪)되어 우리를 대신하여 죽은 것은 우리의 죄 때문에 예수님이 심판을 받으신 것입니다.

"5 그가 찔림은 우리의 허물을 인함이요 그가 상함은 우리의 죄악을 인함이라 그가 징계를 받음으로 우리가 평화를 누리고 그가 채찍에 맞음으로 우리가 나음을 입었도다 6 우리는 다 양 같아서 그릇 행하여 각기 제 길로 갔거늘 여호와께서는 우리 무리의 죄악을 그에게 담당시키셨도다" (사53:5-6)

하나님께서 우리의 죄악을 예수님께 담당시키셨으므로 십자가에서 죽으셨습니다. 그리고 한 사람의 죽음이 모든 사람의 죽음이라고 말씀하셨습니다.

"그리스도의 사랑이 우리를 강권하시는도다 우리가 생각건대 한 사람이 모든 사람을 대신하여 죽었은즉 모든 사람이 죽은 것이라" (고후5:14)

한 사람 예수 그리스도께서 죽었을 때 모든 인류는 예수님과 함께 죽어버렸습니다. 곧 죄의 심판을 받아버렸습니다. 이 사실을 믿고 그리스도와 함께 죽은 자들은 구원을 받습니다. 그러나 불신자들이나 교회는 다니지만 예수님 혼자만 십자가에서 죽었다고 믿는 자들은 한 사람도 구원을 받을 수 없습니다. 예수님과 함께 옛사람이 심판을 받지 않았기 때문입니다. 예수님은 세상(사람)은 구원하려고 오셨지만 세상 임금 마귀는 심판하려고 오셨습니다.

"이제 이 세상의 심판이 이르렀으니 이 세상 임금이 쫓겨나리라" (요12:31)

"8 그가 와서 죄에 대하여, 의에 대하여, 심판에 대하여 세상을 책망하시리라 9 죄에 대하여라 함은 저희가 나를 믿지 아니함이요 10 의에 대하여라 함은 내가 아버지께로 가니 너희가 다시 나를 보지 못함이요 11 심판에 대하여라 함은 이 세상 임금이 심판을 받았음이니라"(요16:8-11)

세상의 심판은 세상 임금이 쫓겨나는 것이라고 했습니다. 믿는 자 안으로 보혜사 성령이 오시면 세상 임금 마귀가 심판을 받았으므로 사람 속에서 쫓겨난다고 말씀하셨습니다. 여기서 세상은 사람이고 세상 임금은 사람 속에서 죄로 말미암아 왕 노릇을 하는 마귀입니다(롬5:12-21).

"10 또 저희를 미혹하는 마귀가 불과 유황 못에 던지우니 거기는 그 짐승과 거짓 선지자도 있어 세세토록 밤낮 괴로움을 받으리라 11 또 내가 크고 흰 보좌와 그 위에 앉으신 자를 보니 땅과 하늘이 그 앞에서 피하여 간데없더라 12 또 내가 보니 죽은 자들이 무론 대소하고 그 보좌 앞에 섰는데 책들이 펴 있고 또 다른 책이 펴졌으니 곧 생명책이라 죽은 자들이 자기 행위를 따라 책들에 기록된 대로 심판을 받으니 13 바다가 그 가운데서 죽은 자들을 내어 주고 또 사망과 음부도 그 가운데서 죽은 자들을 내어 주매 각 사람이 자기의 행위대로 심판을 받고 14 사망과 음부도 불못에 던지우니 이것은 둘째 사망 곧 불못이라 15 누구든지 생명책에 기록되지 못한 자는 불못에 던지우더라"(계20:10-15)

"그러나 두려워하는 자들과 믿지 아니하는 자들과 흉악한 자들과 살인자들과 행음자들과 술객들과 우상 숭배자들과 모든 거짓말하는 자들은 불과 유황으로 타는 못에 참예하리니 이것이 둘째 사망이라"(계21:8)

마귀가 불과 유황 못에 던져지는데 거기는 짐승과 거짓 선지자도 있다고 했습니다. 또 크고 흰 보좌에 앉으신 이가 각 사람의 행위대로 심판을 하시는데 생명책에 기록되지 못한 자는 둘째 사망 곧 불못에 던져집니다. 이 심판은 믿지 않는 자들이 받는 심판입니다.

"내가 진실로 진실로 너희에게 이르노니 내 말을 듣고 또 나 보내신 이를 믿는 자는 영생을 얻었고 심판에 이르지 아니하나니 사망에서 생명으로 옮겼느니라"(요5:24)

믿는 자들은 이미 영생을 얻었으므로 심판에 이르지 아니하고 사망에서 생명으로 옮겼다고 했습니다. 그리스도와 함께 죽었으므로 심판을 받지 않는 것입니다. 그러나 믿는 자들이 받아야 할 심판이 있습니다.

"이는 우리가 다 반드시 그리스도의 심판대 앞에 드러나 각각 선악 간에 그 몸으로 행한 것을 따라 받으려 함이라"(고후5:10)

믿는 자들은 둘째 사망에 들어가는 심판은 받지 않습니다. 그러나 선악 간에 그 몸으로 행한 것을 따라 그리스도의 심판대 앞에 나아가서 상벌의 심판을 받습니다. 믿는 자가 그리스도로 말미암아 선을 행한 것은 믿는 자의 영원한 기업이 됩니다. 그러나 악을 행한 것은 그 속에 있는 죄의 생명으로 말미암아 악이 나온 것이기 때문에 그 몸에 있는 죄의 생명을 불 속에 들어가서 다 처리하고 나와야 합니다.

"9 우리는 하나님의 동역자들이요 너희는 하나님의 밭이요 하나님의 집이니라 10 내게 주신 하나님의 은혜를 따라 내가 지혜로운 건축자와 같이 터를 닦아 두매 다른 이가 그 위에 세우나 그러나 각각 어떻게 그 위에 세우기를 조심할지니라 11 이 닦아 둔 것 외에 능히 다른 터를 닦아 둘 자가 없으니 이 터는 곧 예수 그리스도라 12 만일 누구든지 금이나 은이나 보석이나 나무나 풀이나 짚으로 이 터 위에 세우면 13 각각 공력이 나타날 터인데 그 날이 공력을 밝히리니 이는 불로 나타내고 그 불이 각 사람의 공력이 어떠한 것을 시험할 것임이니라 14 만일 누구든지 그 위에 세운 공력이 그대로 있으면 상을 받고 15 누구든지 공력이 불타면 해를 받으리니 그러나 자기는 구원을 얻되 불 가운데서 얻은 것 같으리라"(고전3:9-15)

믿는 사람이 하나님의 집이라고 했습니다. 이 집은 예수 그리스도의 터 위에 세워지는데 금이나 은이나 보석이나 나무나 풀이나 짚으로 이 터 위에 각각 집을 세운다고 했습니다. 집을 세우는 재료 중에 금이나 은이나 보석은 하늘에 속한 것에 대한 비유이며 나무나 풀이나 짚은 땅에 속한 것에 대한 비유입니다. 그날에 각 사람의 공력이 어떠한 것을 불로 시험하고 공력이 불타면 해를 받고 그대로 있으면 상을 받는다고 했습니다. 그러나 공력이 불타버린 사람도 예수 그리스도라는 터가 남아 있으므로 구원을 얻는데 불 가운데서 얻은 것 같다고 했습니다. 다시 말해서 상급을 잃어버리지만 구원은 절대로 잃어버리지 않습니다. 왜냐하면 영생을 얻는 것이 구원이기 때문입니다.

"28 내가 저희에게 영생을 주노니 영원히 멸망치 아니할 터이요 또 저희를 내 손에서 빼앗을 자가 없느니라 29 저희를 주신 내 아버지는 만유보다 크시매 아무도 아버지 손에서 빼앗을 수 없느니라"(요10:28-29)

영생을 얻은 자는 하나님의 아들입니다. 한번 하나님의 아들이 되면 영원히 하나님의 아들입니다. 그래서 영생을 믿을 때 얻어야 하고 영생을 얻은 자는 사망에서 생명으로 옮겼다고 했습니다. 두 번째 믿는 자 안으로 오시는 그리스도가 영생입니다. 두 번째 오시는 그리스도는 심판하러 오시는 것이 아니라 구원하러 오십니다.

6.
기독교의 역사(歷史) 가운데 나타난 성경과 다른 잘못된 신론(神論)

1.
사벨리우스주의(양태론적 단일신론)

사벨리우스주의

사벨리우스주의(Sabellianism)는 사벨리우스에 의해 주장된 이단의 한 종류이다. 양태론적 단일신론(양식적 단일신론)으로 불린다. 하나님이 성부, 성자, 성령의 세 각각의 태를 갖고 있으며, 신의 유일성을 주장한다. 그리스도가 오직 신성만을 가지고 있으며 육체를 가짐을 부인한다. 이것은 요한복음 1장 14절, 디도데전서 3장 16절을 부인하는 것이므로 이단에 속하며 하나님의 아들이 육체로 오심, 즉 성육신에 반하므로 또한 이단이다. 니케아 신경에서 '그는 하나님으로부터 나신 하나님이시며, 빛으로부터 나신 빛이시며, 참 하나님으로부터 나신 참 하나님이시고'에서 사벨리우스주의를 반박하였다.

[출처 : 위키백과]

사벨리우스의 양태론적 단일신론은 예수님이 육체로 오심을 부인하므로 성경과 맞지 않는 잘못된 이단입니다.

"말씀이 육신이 되어 우리 가운데 거하시매 우리가 그 영광을 보니 아버지의 독생자의 영광이요 은혜와 진리가 충만하더라" (요1:14)

"크도다 경건의 비밀이여, 그렇지 않다 하는 이 없도다 그는 육신으로 나타난 바 되시고 영으로 의롭다 하심을 입으시고 천사들에게 보이시고 만국에서 전파되시고 세상에서 믿은 바 되시고 영광 가운데서 올리우셨음이니라" (딤전3:16)

예수님은 사람으로 오셨습니다. 만약 예수님이 사람으로 오셔서 십자가에서 피를 흘리지 않으셨다면 대속(代贖)은 이루어질 수 없습니다.

"그러나 이 은사는 그 범죄와 같지 아니하니 곧 한 사람의 범죄를 인하여 많은 사람이 죽었은즉 더욱 하나님의 은혜와 또는 한 사람 예수 그리스도의 은혜로 말미암은 선물이 많은 사람에게 넘쳤으리라" (롬5:15)

"하나님은 한 분이시요 또 하나님과 사람 사이에 중보도 한 분이시니 곧 사람이신 그리스도 예수라" (딤전2:5)

예수님은 사람으로 오셔서 믿는 자의 죄를 위할 뿐 아니라 온 세상의 죄를 위한 화목제물이 되셨습니다.

"1 나의 자녀들아 내가 이것을 너희에게 씀은 너희로 죄를 범치 않게 하려 함이라 만일 누가 죄를 범하면 아버지 앞에서 우리에게 대언자가 있으니 곧 의로우신 예수 그리스도시라 2 저는 우리 죄를 위한 화목제물이니 우리만 위할 뿐 아니요 온 세상의 죄를 위하심이라" (요일2:1-2)

"이 예수를 하나님이 그의 피로 인하여 믿음으로 말미암는 화목제물로 세우셨으니 이는 하나님께서 길이 참으시는 중에 전에 지은 죄를 간과하

심으로 자기의 의로우심을 나타내려 하심이니"(롬3:25)

사벨리우스의 양태론적 단일신론은 예수님이 십자가에서 피를 흘리심으로 이루어지는 대속(代贖)을 믿지 않는 것이므로 또한 성경과 다른 잘못된 이단입니다.

"우리가 그리스도 안에서 그의 은혜의 풍성함을 따라 그의 피로 말미암아 구속 곧 죄 사함을 받았으니"(엡1:7)
"19 아버지께서는 모든 충만으로 예수 안에 거하게 하시고 20 그의 십자가의 피로 화평을 이루사 만물 곧 땅에 있는 것들이나 하늘에 있는 것들을 그로 말미암아 자기와 화목케 되기를 기뻐하심이라"(골1:19-20)
"그러므로 예수도 자기 피로써 백성을 거룩케 하려고 성문 밖에서 고난을 받으셨느니라"(히13:12)
"18 너희가 알거니와 너희 조상의 유전한 망령된 행실에서 구속된 것은 은이나 금같이 없어질 것으로 한 것이 아니요 19 오직 흠 없고 점 없는 어린 양 같은 그리스도의 보배로운 피로 한 것이니라"(벧전1:18-19)

예수 그리스도의 흘리신 피가 없이는 절대로 구원을 받을 수 없습니다.

2.
아리우스주의(유사본질로서의 삼위일체)

아리우스주의

아리우스주의(라틴어 : Arianismus, 그리스어 : Ἀρειανισμός)는 이집트 알렉산드리아 총대주교 관구의 사제인 아리우스가 주장한 기독교 신학이다. 아리우스는 '성자' 예수는 '성부'에 의해 시간 이전에 창조된 존재(피조물)이며, 성부와 함께 영속하는 존재가 아니라고 보았다. 아리우스에 따르면 성자가 성부라는 성경의 증언은 비유적 표현이다.

아리우스주의를 믿는 이들을 아리우스파라고 부른다. 이 용어들은 그들 스스로가 그렇게 불렀던 것이 아니라, 외부에서 이들을 묘사할 때 사용한 단어이다. 아리우스파는 성부와 성자의 본질이 동일하다는 동일본질 교리를 끝까지 거부했다. 아리우스의 삼위일체론은 나중에 안티오케이아의 아에티우스와 그의 제자인 에우노미우스에 의해 상이본질(anomoeanism)이라는 극단적인 이론으로 변모했다. 아리우스가 성자는 성부에서 유래했으므로 그 둘이 본질적으로 유사하다고 주장한 데 반해, 상이본질론자들은 성부와 성자의 본질이 동일하지도 않고, 본질이 유사하지도 않다고 주장했다.

아리우스가 활동하던 시기의 교회에서는 성자의 신성에 대해 동일본질과 아리우스주의의 두 삼위일체론이 팽팽히 맞서고 있었다. 이들은 모두 딜레마를 가지고 있었고, 학자들은 자신이 지지하는 삼위일체론의 논리적인 허점을 채우고자 노력했다. 당대 아리우스가 아리우스주의의 선봉장이었다면, 동일본질의 선봉장은 교부로 인정받는 알렉산드리아의 아타나시우스였다. 아타나시우스는 성자와 성부가 본질적으로 동일한 존재로 보았다. 아리우스는 성자가 성부의 아들이라면 성부가 성자를 낳거나 창조한 것일 텐데, 그렇다면 성자가 시간이라는 개념이 없었을 때에는 존재했을 수 없다고 주장했다. 결국 콘스탄티누스 대제가 서기 325년 소집한 최초의 세계공의회인 제1차 니케아 공의회에서 아리우스의 믿음은 이단으로 정죄되었다. 뒤이어 두 번째 세계공의회인 381년의 제1차 콘스탄티노폴리스 공의회에서도 아리우스주의는 정통 신학으로부터 벗어난 이단임을 확언했다. 그 후로 아리우스파는 항상 보편교회로부터 이단으로 비난받아왔고, 현재에도 정교회, 로마 카톨릭, 개신교 등 주류 기독교회들은 모두 아리우스파를 이단으로 간주한다.

[출처 : 위키백과]

아리우스의 교리

하느님은 처음부터 성부였던 것이 아니라, 성부가 아니었던 시기가 있었습니다. 하느님의 말씀은 영원 전부터 있었던 것이 아니라 무에서 만들어진 것입니다. 영원히 존재하는 하느님(스스로 있는 자 또는 영원한 자)은 존재하지 않았던 그분[성자]을 무에서 만들었습니다. 따라서 그

> [성자]가 존재하지 않았던 시기가 있었으며, **성자는 창조물입니다.** 그가 아버지와 같지도 않고 원래 그가 아버지의 진정한 말씀이나 진정한 지혜가 아니며, 실은 하느님이 만든 하나의 창조물에 지나지 않고, 그가 다른 피조물과 마찬가지로 하느님의 말씀과 지혜로써 만들어졌기 때문에, 그냥 말씀과 지혜 자체라고 하는 것은 잘못된 것입니다. **따라서 말씀은 하느님의 본질과는 다른 것입니다.** 그리고 아버지는 아들에 의해 설명되는 것이 아니고 [아들에게] 보이지도 않습니다. 이는 말씀이 아버지를 정확하고 완벽하게 알지도 못하며, 그를 제대로 볼 수도 없기 때문입니다. 아들은 그의 본질을 알 수 없습니다. 이는 하나님이 우리를 [말씀]을 통하여 만들기 위해 그를 도구로 사용하였고, 우리를 만들기 위함이 아니었더라면 그를 만들지도 않았을 것이기 때문입니다.
>
> [출처 : 위키백과]

아리우스의 교리에서 가장 문제가 되는 부분은 "성자는 창조물입니다. 그가 아버지와 같지도 않고 원래 그가 아버지의 진정한 말씀이나 진정한 지혜가 아니며, 실은 하느님이 만든 하나의 창조물에 지나지 않고, 그가 다른 피조물과 마찬가지로 하느님의 말씀과 지혜로써 만들어졌기 때문에, 그냥 말씀과 지혜 자체라고 하는 것은 잘못된 것입니다. 따라서 말씀은 하느님의 본질과는 다른 것입니다"라고 한 것입니다.

"1 태초에 말씀이 계시니라 이 말씀이 하나님과 함께 계셨으니 이 말씀은 곧 하나님이시니라 2 그가 태초에 하나님과 함께 계셨고 3 만물이 그로 말미암아 지은 바 되었으니 지은 것이 하나도 그가 없이는 된 것이 없느니라"(요1:1-3)

"오직 부르심을 입은 자들에게는 유대인이나 헬라인이나 그리스도는 하나님의 능력이요 하나님의 지혜니라"(고전1:24)

예수님은 하나님의 말씀과 지혜로 만들어진 것이 아니라 하나님의 말씀과 지혜 자체입니다. 근본 하나님의 본체가 오셔서 육신을 입고 사람이 되신 분이 바로 예수 그리스도입니다.

"5 너희 안에 이 마음을 품으라 곧 그리스도 예수의 마음이니 6 그는 근본 하나님의 본체시나 하나님과 동등됨을 취할 것으로 여기지 아니하시고 7 오히려 자기를 비어 종의 형체를 가져 사람들과 같이 되었고 8 사람의 모양으로 나타나셨으매 자기를 낮추시고 죽기까지 복종하셨으니 곧 십자가에 죽으심이라"(빌2:5-8)

아리우스가 주장하는 유사본질로서의 삼위일체론이 어떤 면에서는 아타나시우스가 주장하는 동일본질로서의 삼위일체론보다 성경적인 부분이 있습니다. "영원히 존재하는 하나님(스스로 있는 자 또는 영원한 자)은 존재하지 않았던 그분[성자]을 무에서 만들었습니다. 따라서 그[성자]가 존재하지 않았던 시기가 있었으며"라고 했는데 이 부분은 성경에 기록된 내용과 일부분 일치합니다. 예수님이 아들로서 존재하지 않았던 시기가 분명히 있었습니다. 그러나 예수님은 육신을 입고 사람으로 오시기 전에 아버지 안에 지혜와 말씀과 생명과 씨로 계셨으므로 하나님의 본질 자체이신 분입니다. 그리고 성경에는 전에도 없었고 후에도 없는 창조된 신이 있다고 했습니다. 그분이 바로 보내심을 받은 예수 그리스도입니다.

"나 여호와가 말하노라 너희는 나의 증인, 나의 종으로 택함을 입었나니 이는 너희로 나를 알고 믿으며 내가 그인 줄 깨닫게 하려 함이라 나의 전에 지음을 받은 신이 없었느니라 나의 후에도 없으리라"(사43:10)

"12 야곱아 나의 부른 이스라엘아 나를 들으라 나는 그니 나는 처음이요 또 마지막이라 13 과연 내 손이 땅의 기초를 정하였고 내 오른손이 하늘에 폈나니 내가 부르면 천지가 일제히 서느니라 14 너희는 다 모여 들으라 나 여호와의 사랑하는 자가 나의 뜻을 바벨론에 행하리니 그의 팔이 갈대아인에게 임할 것이라 그들 중에 누가 이 일을 예언하였느뇨 15 나 곧 내가 말하였고 또 내가 그를 부르며 그를 인도하였나니 그 길이 형통하리라 16 너희는 내게 가까이 나아와 이 말을 들으라 내가 처음부터 그것을 비밀히 말하지 아니하였나니 그 말이 있을 때부터 내가 거기 있었노라 하셨느니라 이제는 주 여호와께서 나와 그 신을 보내셨느니라"(사48:12-16)

구약성경에는 '여호와'라는 이름으로 말씀하시고 일하셨던 하나님이 신약성경에는 단 한 번도 여호와로 말씀하시지 않고 아버지로 일하시고 말씀하셨습니다. 왜 하나님의 호칭이 구약에는 여호와이시고 신약에는 아버지이실까요? 그 이유는 성자 예수 그리스도께서 계신가 아닌가에 따른 것임을 알 수 있습니다. 아들을 낳으시면 여호와 하나님이 아버지 하나님이 되시는 것입니다.

"또한 이와 같이 그리스도께서 대제사장 되심도 스스로 영광을 취하심이 아니요 오직 말씀하신 이가 저더러 이르시되 너는 내 아들이니 내가 오늘날 너를 낳았다 하셨고"(히5:5)

"예수 그리스도의 나심은 이러하니라 그 모친 마리아가 요셉과 정혼하고

동거하기 전에 성령으로 잉태된 것이 나타났더니"(마1:18)
"아버지께서 자기 속에 생명이 있음같이 아들에게도 생명을 주어 그 속에 있게 하셨고"(요5:26)

하나님 아버지께서 그리스도를 "너는 내 아들이니 내가 오늘날 너를 낳았다"라고 하셨습니다. '오늘날 낳았다'라는 것은 낳기 전에는 아들이 없었다는 것입니다. 성령으로 잉태된 것도 아버지가 아들을 낳으신 것입니다. 왜냐하면 성령이 아버지 하나님의 생명의 활동이기 때문입니다. 그래서 예수님은 아버지께서 자기 속에 있는 생명을 주셔서 낳은 아들입니다.

"또 아는 것은 하나님의 아들이 이르러 우리에게 지각을 주사 우리로 참된 자를 알게 하신 것과 또한 우리가 참된 자 곧 그의 아들 예수 그리스도 안에 있는 것이니 그는 참 하나님이시요 영생이시라"(요일5:20)
"복스러운 소망과 우리의 크신 하나님 구주 예수 그리스도의 영광이 나타나심을 기다리게 하셨으니"(딛2:13)

아리우스가 주장한 유사본질로서의 삼위일체 교리는 예수님을 다른 피조물과 마찬가지로 하나님의 지혜와 말씀으로 만들어진 것으로 봤기 때문에 성경과 다른 잘못된 이단 교리입니다. 이것은 예수님이 참하나님이시오, 크신 하나님이시라는 하나님의 말씀을 부정하는 것입니다.

3.
양자설, 양자적 그리스도론, 역동적 군주신론(養子的 -論, 易動的君主信論)

양자설, 양자적 그리스도론, 역동적 군주신론(養子的 -論, 易動的君主信論, Adoptionism)

양자설, 양자적 그리스도론, 역동적 군주신론(養子的 -論, 易動的君主信論, Adoptionism)은 단일신론의 하나로, 예수가 세례자 요한에 의한 세례, 부활 또는 승천 시에 신의 힘을 받아 신의 자녀가 되었다(입양)는 논리이다. 양자론이라고도 한다. 살라미스의 에피파니오스에 따르면, 예수가 양자로 선택된 것은 그리스도에 의한 하나님의 뜻에 무고한(sinless) 헌신 때문이다. 세력론(뒤나미스)적 단일신론주의이며, 그리스도 상인론(그리스도 인간설)도 이에 포함된다.

기독교의 정통 교의(아버지·아들·성령은 삼위일체라고 한다)에 반하여 이단으로 간주된다.

그리스도의 신성을 강조하는 양태론(Modalism·사벨리우스주의)도 단일신론주의의 하나지만 양자론과는 정반대의 입장에 선다.

[출처 : 위키백과]

비잔티움의 테오도투스(그리스어 : Θεόδοτος ο Βυζάντιος)

비잔티움의 테오도투스(그리스어 : Θεόδοτος ο Βυζάντιος)는 비잔티움 태생의 초기 기독교 저술가이자, 초대교회에서 이단으로 단죄받은 인물 가운데 한 사람이다. 무두장이 테오도투스, 제화공 테오도투스, 축융공 테오도투스라고도 불린다. 테오도투스는 예수 그리스도가 성령으로 인하여 마리아가 동정으로 잉태하여 낳기는 하였지만, 신성을 지니지는 않았다고 주장하였다. 또한, 그는 예수 그리스도가 세례자 요한으로부터 세례를 받는 순간 성부에 의해 양아들로 받아들여졌으며, 부활한 이후에도 예수 그리스도는 하느님 자체가 아니라고 주장하였다. 테오도투스의 주장은 동력적 일위설(動力的一位說, 모나키안주의) 또는 양자설이라고 불린다. 교황 빅토르 1세는 이러한 주장을 이단으로 단죄하였으며, 테오도투스를 파문하였다.

[출처 : 위키백과]

예수 그리스도가 세례 요한으로부터 요단강에서 세례를 받는 순간 성부에 의해 양아들로 받아들여졌으며, 부활 이후에도 예수님은 하나님이 아니라고 하는 성경에 없는 주장을 하는 잘못된 이단 교리입니다.

4.
아타나시우스의 존재론적 삼위일체 삼신론

아타나시우스

알렉산드리아의 아타나시오스(그리스어 : *Αθανάσιος*, 296년/298년~373년 5월 2일)는 4세기에 활동했던 알렉산드리아의 대주교이다. 아타나시오, 아타나시우스라고도 불린다. 그는 로마 가톨릭교회, 동방 정교회, 성공회로부터 성인으로 존경받고 있으며, 개신교로부터는 위대한 교회의 신학자이자 지도자로 여겨지고 있다. 325년 기독교 최초의 세계공의회인 니케아 공의회에서 성부와 성자의 동일한 본질을 말한 그의 주장을 인정받아 정통 기독교 신앙의 아버지로 불린다. 대표 저서로 《부활전 서한》이 있다.

[출처 : 위키백과]

삼위일체(三位一體)

삼위일체(三位一體, 고대 그리스어 : *Τριάδος* 트리아도스, 라틴어 : Trinitas 트리니타스)란 그리스도교에서 성경적으로 또한 신학적으로 중요한 위치를 차지하는 교리이다. 하나님은 본질에서 한 분이시며 위격(位格, 고대 그리스어 : ὑπόστασις(휘포스타시)에서는 세 분으로 존재하신다는 것이다. 삼위일체에 대해서 동방교회는 본질에 한 분이신 하나님께서 세 위격으로 되는 신비를 지지했고, 서방교회는 세 위격으로 존재하는 하나님이 동일본질로 한 분 하나님이 되는 신비를 지지하며 신학적 관점의 차이를 보였다.

기독교에서 성부(聖父), 성자(聖子), 성령(聖靈)은 삼위(3 Persons, 세 위격, 세 신격, 세 분, 三位)로 존재하지만, 본질(essence)은 한 분 하느님이라는 교리이다. 삼위일체라는 표현은 교회에서 구약이라고 부르고 있는 타나크는 다양한 방식으로 간접적인 삼위일체가 나타나며, 신약성경 2고린 13:13 에는 "주 예수 그리스도의 은총과 하느님의 사랑과 성령께서 이루어 주시는 친교를 여러분 모두가 누리시기를 빕니다"라는 표현에서 삼위일체가 분명하게 제시되고 있다. 삼위일체라는 용어는 후대 교회에서 사용하였다. 또 신구파를 막론한 대다수의 기독교는 삼위에 대한 개념이 요한복음서 등에서 간접적으로 암시함(아버지와 아들이 하나라는 표현이 자주 나옴)을 주장하며 옹호하고 있다. 삼위일체라는 말은 성서에 나오지 않는다. 기원후 200년경 라틴 신학자인 테르툴리아누스가 신을 설명하기 위해 트리니타스(trinitas)라는 말을 만들어 낸 게 그 시초다. 그리스도교 찬송가는 주로 삼위일체를 세 행으로 꾸며 성부, 성자, 성령에 각각 한 행씩 배당한다.

삼위일체 방패(Scutum Fidei), 아버지(Pater)와 아들(Filius)과 성령(Spiritus Sanctus)은 동일한 인격이 아니나(non est) 한 하느님(하나님)이다.

[출처 : 위키백과]

오늘날 교회가 성경대로 한 분 하나님을 믿지 못하게 된 가장 큰 이유는 바로 아타나시우스에 의해 정립(定立)된 존재론적 삼위일체 교리가 교회의 정통 교리로 굳어져 버렸기 때문입니다. 그 어떤 이단 교리보다도 더 교회를 망하게 하고 믿는 자들이 하나님의 아들들이 되는 길을 방해하는 잘못된 교리입니다.

아타나시우스의 삼위일체 신조 44

1. 누구든지 구원을 받고자 하는 사람은 모든 것 이전에 먼저 이 신앙을 소유해야 한다.
2. 이 모든 신앙의 내용을 온전히 이루지 못하는 사람들은 영원토록 멸망을 받을 것이다.
3. 이 신앙은 다음의 것들이다. 우리는 삼위일체 되신 한 분 하나님을 믿는다.
4. 이 삼위일체는 인격을 혼합한 것도 아니요, 그 본질을 나눈 것도 아니다.
5. 왜냐하면 아버지의 한 인격과 아들의 다른 인격, 또한 성령의 또 다른 인격이 계시기 때문이다.
6. 그러나 성부와 성자와 성령의 머리되심은 모두가 다 하나요, 그 영광도 동일하며, 그 위엄도 함께 영원한 것이다.
7. 성부와 성자와 성령은 그 자체로 존재한다.
8. 성부와 성자와 성령은 결코 창조되지 않았다.
9. 성부와 성자와 성령은 우리의 이해를 초월한 분이시다.
10. 성부와 성자와 성령은 영원한 분이시다.
11. 그러나 세 분이 영원한 분들이 아니며 다만 영원한 한 분만이 계실 따름이다.

12. 창조되지도 않았고 우리의 이해를 초월한 세 분이 있는 것이 아니라 창조되지도 않았고 인간의 이해를 초월한 단 한 분만이 계실 뿐이다.

13. 성부께서 전능하시듯이 성자와 성령도 전능하시다.

14. 그러나 세 분의 전능자가 계신 것이 아니요, 오직 한 분의 전능자가 계실 뿐이다.

15. 성부가 하나님이시듯이 성자도 성령도 하나님이시다.

16. 그럼에도 세 분 하나님이 계신 것이 아니라 한 분 하나님만이 계실 뿐이다.

17. 성부께서 주님이시듯이 성자도 성령도 주님이시다.

18. 그럼에도 주님은 세 분이 아니라 한 분이실 뿐이다.

19. 우리는 이 각각의 세 분이 그 스스로 하나님이시요, 주님이시라는 사실을 기독교의 진리로 받는 바이다.

20. 따라서 세 분 하나님이 계시며 세 분 주님이 계시다는 말은 참 기독교인으로서 금한다.

21. 성부는 그 무엇에서 만들어지거나 창조되거나 유래된 분이 아니다.

22. 성자는 성부에게서 왔으나 지음을 받았거나 유래된 분이 아니다.

23. 성령은 성부와 성자에게서 왔으나 지음을 받았거나 유래되었거나 발생된 분이 아니시다.

24. 따라서 세 분 성부가 아닌 한 성부, 세 분 성자가 아닌 한 성자, 세 분 성령이 아닌 한 성령만이 계실 뿐이다.

25. 이 삼위일체에 있어서 어느 한 분이 앞서거나 뒤에 계신 것이 아니며, 더 위대하거나 덜 위대한 분도 없다.

26. 다만 세 분이 함께 동등하다는 것이다.

27. 따라서 앞에 말한 대로 이 모든 것에서 세 분이면서도 한 분으로

통일을 이루는 삼위일체께서 경배를 받으셔야 할 것이다.

28. 그러므로 구원받을 사람들은 삼위일체에 대하여 생각해야만 한다.

29. 더 나아가 영원한 구원을 얻는 데에는 우리 주 예수 그리스도의 성육에 대하여 올바로 믿어야 한다.

30. 올바른 믿음이란 하나님의 아들이신 우리 주 예수 그리스도께서는 하나님이시요, 동시에 인간이라는 사실을 믿고 고백하는 것이다.

31. 그는 성부의 본체이시며 이 세상이 생겨나기 전에 나신 자요, 동시에 그 어머니의 본질을 갖고 이 세상에 나신 분이시다.

32. 완전한 하나님이시요, 또한 완전한 인간으로서 영혼과 육신을 갖고 계신 분이시다.

33. 하나님 되심에 있어서는 성부와 동등되나 그의 인간되심에 있어서는 성부보다 낮으신 분이시다.

34. 비록 그는 하나님이시며 인간이 되시긴 하나 두 분이 아니요, 한 분 그리스도일 뿐이다.

35. 그리스도는 하나님의 머리 되심이 육신으로 전환된 것이 아니라 인간의 몸을 취한 하나님이신 분이시다.

36. 그리스도는 그 본질이 혼합된 분이 아니라 인격의 통일성으로 하나되신 분이시다.

37. 한 인간이 영혼과 육신을 가졌듯이 한 그리스도께서는 하나님이시요, 동시에 인간이 되신다.

38. 그분은 우리를 위해 고난받으시고 음부에 내려가셨다가 삼 일 만에 죽은 자 가운데서 다시 사셨다.

39. 그는 하늘에 오르사 전능하신 하나님, 곧 성부의 오른편에 앉아 계시며

40. 거기로서 산 자와 죽은 자를 심판하러 오실 것이다.

41. 그가 오실 때에 만민은 육체로 다시 일으킴을 받으며,

42. 자신들의 행위에 따라 판단을 받을 것이다.

43. 그리고 선한 일을 행한 자는 영생으로 나가고 악을 행한 자는 영원한 불에 들어갈 것이다.

44. 이것이 교회의 참 신앙이며, 이를 신실하게 믿지 않는 자는 구원을 얻지 못하는 것이다.

아타나시우스의 존재론적 삼위일체 교리는 일관되게 하나님이 세분이면서 한 분이라고 주장하는데 결코 그것을 설명하지는 못합니다. 그래서 신조 9번에 "성부와 성자와 성령은 우리의 이해를 초월한 분이시다"라고 주장하며 이해할 수 없으니 설명할 수도 없는 하나님을 그냥 믿으라고 합니다. 성경 어디에도 하나님을 그냥 믿으라고 말씀한 곳이 없습니다. 오히려 하나님을 알고 믿으라는 말씀은 많이 있습니다.

"나 여호와가 말하노라 너희는 나의 증인, 나의 종으로 택함을 입었나니 이는 너희로 나를 알고 믿으며 내가 그인 줄 깨닫게 하려 함이라 나의 전에 지음을 받은 신이 없었느니라 나의 후에도 없으리라"(사43:10)

"33 나 여호와가 말하노라 그러나 그 날 후에 내가 이스라엘 집에 세울 언약은 이러하니 곧 내가 나의 법을 그들의 속에 두며 그 마음에 기록하여 나는 그들의 하나님이 되고 그들은 내 백성이 될 것이라 34 그들이 다시는 각기 이웃과 형제를 가리켜 이르기를 너는 여호와를 알라 하지 아니하리니 이는 작은 자로부터 큰 자까지 다 나를 앎이니라 내가 그들의 죄악을 사하고 다시는 그 죄를 기억지 아니하리라 여호와의 말이니라"(렘31:33-34)

"19 내가 네게 장가들어 영원히 살되 의와 공변됨과 은총과 긍휼히 여김으로 네게 장가들며 20 진실함으로 네게 장가들리니 네가 여호와를 알

리라"(호2:19-20)

여호와께서 너희를 나의 증인과 종으로 택한 것은 "너희로 나를 알고 믿으며 내가 그인 줄 깨닫게 하려 함이라"라고 말씀하셨습니다. 또 새 언약이 이루어진 사람 곧 하나님의 법이 속에 그 마음에 기록된 사람은 작은 자로부터 큰 자까지 다 여호와를 안다고 했습니다. 여호와께서 의와 공변됨과 은총과 긍휼히 여김과 진실함으로 장가들어 믿는 자와 함께 영원히 사시면 믿는 자들이 여호와를 안다고 했습니다.

"너희는 거룩하신 자에게서 기름 부음을 받고 모든 것을 아느니라"(요일2:20)
"너희는 주께 받은바 기름 부음이 너희 안에 거하나니 아무도 너희를 가르칠 필요가 없고 오직 그의 기름 부음이 모든 것을 너희에게 가르치며 또 참되고 거짓이 없으니 너희를 가르치신 그대로 주 안에 거하라"(요일2:27)

거룩하신 자에게서 기름 부음을 받으면 모든 것을 안다고 했습니다. 주께 받은 기름 부음이 믿는 자 안에 거하셔서 모든 것을 가르치신다고 했습니다. 구약에도 신약에도 하나님을 이해할 수 없으니 그냥 믿으라는 말씀이 한 군데도 없습니다.

"오직 이것을 기록함은 너희로 예수께서 하나님의 아들 그리스도이심을 믿게 하려 함이요 또 너희로 믿고 그 이름을 힘입어 생명을 얻게 하려 함이니라"(요20:31)

성경을 기록한 목적은 예수께서 하나님의 아들 그리스도이심을 믿게 하는 것과 또 믿는 자들이 그 이름을 힘입어 생명을 얻는 것이라고 했습니다. 아타나시우스의 존재론적 삼위일체 44개 신조에는 생명을 얻게 하는 내용이 전혀 없습니다. 신조 43번에 선한 일을 행한 자는 영생으로 나간다고 주장하면서 영생을 얻는 것이 믿음으로 말미암는 것이 아니라 인간이 선을 행하면 육체가 죽은 다음에 얻는 것이라는 잘못된 믿음을 심어주고 있습니다. 영생은 믿을 때 얻는 아버지 하나님의 생명입니다. 그래서 영생을 얻은 자만 구원을 받을 수 있습니다. 하나님은 삼위일체(三位一體)가 아니라 일위일체(一位一體)로 계시며 하나님의 한 본질 곧 생명을 분배하시기 위해 삼위로 일하시는 것입니다.

7.

일위일체로 계신 한 분 하나님이
삼위로 일하심으로 믿는 자들을
삼위일체 하나님들이 되게 하십니다

1.
여호와 하나님은 일위일체(一位一體)로 계십니다

여호와는 유일하신 하나님이십니다. 여호와 하나님 외에는 다른 신이 없습니다.

"그룹 사이에 계신 이스라엘 하나님 만군의 여호와여 주는 천하 만국의 유일하신 하나님이시라 주께서 천지를 조성하셨나이다"(사37:16)
"이스라엘의 왕인 여호와, 이스라엘의 구속자인 만군의 여호와가 말하노라 나는 처음이요 나는 마지막이라 나 외에 다른 신이 없느니라"(사44:6)

여호와 하나님은 하나의 생명과 하나의 몸을 가지신 분입니다. 그래서 여호와 하나님은 일위일체(一位一體)로 계십니다. 여호와 하나님의 생명(生命)이 하나이므로 위격(位格)도 하나입니다. 그리고 생명은 형체 안에 있으므로 영체로서 사람의 형체를 하고 계시는 여호와 하나님의 몸도 하나입니다.

"26 그 머리 위에 있는 궁창 위에 보좌의 형상이 있는데 그 모양이 남보석 같고 그 보좌의 형상 위에 한 형상이 있어 사람의 모양 같더라 27 내가 본즉 그 허리 이상의 모양은 단 쇠 같아서 그 속과 주위가 불 같고 그

> 허리 이하의 모양도 불 같아서 사면으로 광채가 나며 28 그 사면 광채의 모양은 비 오는 날 구름에 있는 무지개 같으니 이는 여호와의 영광의 형상의 모양이라 내가 보고 곧 엎드리어 그 말씀하시는 자의 음성을 들으니라"(겔1:26-28)

> "9 내가 보았는데 왕좌가 놓이고 옛적부터 항상 계신 이가 좌정하셨는데 그 옷은 희기가 눈 같고 그 머리털은 깨끗한 양의 털 같고 그 보좌는 불꽃이요 그 바퀴는 붙는 불이며 10 불이 강처럼 흘러 그 앞에서 나오며 그에게 수종하는 자는 천천이요 그 앞에 시위한 자는 만만이며 심판을 베푸는데 책들이 펴 놓였더라"(단7:9-10)

에스겔이 보좌에 앉으신 여호와 하나님을 보았는데 여호와의 영광의 형상이 사람의 모양 같다고 했습니다. 다니엘이 옛적부터 항상 계신 이를 보았는데 그 옷은 희기가 눈 같고 그 머리털은 깨끗한 양의 털 같고 그 보좌는 불꽃이요 그 바퀴는 붙는 불이라고 했습니다. 영체로서 사람의 형체로 계시는 여호와 하나님을 본 것입니다.

> "4 이스라엘아 들으라 우리 하나님 여호와는 오직 하나인 여호와시니 5 너는 마음을 다하고 성품을 다하고 힘을 다하여 네 하나님 여호와를 사랑하라"(신6:4-5)

> "5 주도 하나이요 믿음도 하나이요 세례도 하나이요 6 하나님도 하나이시니 곧 만유의 아버지시라 만유 위에 계시고 만유를 통일하시고 만유 가운데 계시도다"(엡4:5-6)

성경의 대명제(大命題)는 "하나님은 한 분이시다"라는 것입니다. 구약이나 신약이나 하나님은 한 분이라고 말씀하고 있습니다.

2.
예수님이 성육신(成肉身)하시면
하나님은 이위이체(二位二體)로 계십니다

✝

　여호와 하나님이 하나님의 경륜(經綸)을 이루시기 위해서 아들을 낳으셨는데 그 아들이 바로 예수 그리스도입니다. 예수 그리스도로 말미암아 하나님의 아들들을 얻는 것이 창세 전에 세우신 하나님의 경륜(經綸)입니다.

　"3 찬송하리로다 하나님 곧 우리 주 예수 그리스도의 아버지께서 그리스도 안에서 하늘에 속한 모든 신령한 복으로 우리에게 복 주시되 4 곧 창세 전에 그리스도 안에서 우리를 택하사 우리로 사랑 안에서 그 앞에 거룩하고 흠이 없게 하시려고 5 그 기쁘신 뜻대로 우리를 예정하사 예수 그리스도로 말미암아 자기의 아들들이 되게 하셨으니 6 이는 그의 사랑하시는 자 안에서 우리에게 거저 주시는바 그의 은혜의 영광을 찬미하게 하려는 것이라"(엡1:3-6)

　예수님은 영원부터 계신 하나님의 아들이 사람이 되신 것이 아니라 하나님 아버지가 낳으셨습니다. 아버지가 아들을 낳기 전에는 아들이 없었습니다. 이 사실을 믿지 않는 자들은 절대로 하나님을 한 분으로 믿을 수 없습니다. 하나님을 한 분으로 믿지 않는 자들은 성경대로 하나님을 믿지 않으므로 절대로 구원을 받을 수가 없습니다.

"또한 이와 같이 그리스도께서 대제사장 되심도 스스로 영광을 취하심이 아니요 오직 말씀하신 이가 저더러 이르시되 너는 내 아들이니 내가 오늘날 너를 낳았다 하셨고"(히5:5)

하나님 아버지가 아들을 낳으시면 하나님 아버지의 위격(位格)과 영체(靈體)로서의 몸이 있고 아들 예수 그리스도의 위격(位格)과 육체(肉體)로서의 몸이 있습니다. 그래서 하나님 아버지가 아들을 낳으시면 하나님은 이위이체(二位二體)로 계십니다. 아버지의 위격과 몸이 있고 아들의 위격과 몸이 있어서 이위이체(二位二體)로 계시지만 아버지와 아들은 하나입니다. 왜냐하면 아들 안에 아버지가 계시기 때문입니다.

"나와 아버지는 하나이니라 하신대"(요10:30)
"7 너희가 나를 알았더면 내 아버지도 알았으리로다 이제부터는 너희가 그를 알았고 또 보았느니라 8 빌립이 가로되 주여 아버지를 우리에게 보여 주옵소서 그리하면 족하겠나이다 9 예수께서 가라사대 빌립아 내가 이렇게 오래 너희와 함께 있으되 네가 나를 알지 못하느냐 나를 본 자는 아버지를 보았거늘 어찌하여 아버지를 보이라 하느냐 10 나는 아버지 안에 있고 아버지는 내 안에 계신 것을 네가 믿지 아니하느냐 내가 너희에게 이르는 말이 스스로 하는 것이 아니라 아버지께서 내 안에 계셔 그의 일을 하시는 것이라 11 내가 아버지 안에 있고 아버지께서 내 안에 계심을 믿으라 그렇지 못하겠거든 행하는 그 일을 인하여 나를 믿으라"(요14:7-11)
"아버지께서는 모든 충만으로 예수 안에 거하게 하시고"(골1:19)

영(靈)이신 아버지가 육신(肉身)을 입으신 예수님 안에 계시므로 하나님은 이위이체(二位二體)로 계시는데 예수님과 아버지는 따로 계시는 것이 아니라 함께 하나로 계십니다.

3.
예수님의 십자가 이후에
하나님은 이위일체(二位一體)로 계십니다

예수님이 십자가에서 피를 흘리시고 세상 모든 죄를 위한 화목제물이 되셨을 때 예수님의 영혼과 몸과 육체가 다 죽었습니다.

"10 여호와께서 그로 상함을 받게 하시기를 원하사 질고를 당케 하셨은 즉 그 영혼을 속건제물로 드리기에 이르면 그가 그 씨를 보게 되며 그 날은 길 것이요 또 그의 손으로 여호와의 뜻을 성취하리로다 11 가라사대 그가 자기 영혼의 수고한 것을 보고 만족히 여길 것이라 나의 의로운 종이 자기 지식으로 많은 사람을 의롭게 하며 또 그들의 죄악을 친히 담당하리라 12 이러므로 내가 그로 존귀한 자와 함께 분깃을 얻게 하며 강한 자와 함께 탈취한 것을 나누게 하리니 이는 그가 자기 영혼을 버려 사망에 이르게 하며 범죄자 중 하나로 헤아림을 입었음이라 그러나 실상은 그가 많은 사람의 죄를 지며 범죄자를 위하여 기도하였느니라 하시니라" (사53:10-12)

"21 전에 악한 행실로 멀리 떠나 마음으로 원수가 되었던 너희를 22 이제는 그의 육체의 죽음으로 말미암아 화목케 하사 너희를 거룩하고 흠 없고 책망할 것이 없는 자로 그 앞에 세우고자 하셨으니" (골1:21-22)

예수님의 영혼과 몸과 육체가 다 죽었는데 아버지가 예수님의 영을 살리셨습니다.

> "그리스도께서도 한 번 죄를 위하여 죽으사 의인으로서 불의한 자를 대신하셨으니 이는 우리를 하나님 앞으로 인도하려 하심이라 육체로는 죽임을 당하시고 영으로는 살리심을 받으셨으니" (벧전3:18)

십자가에서 한 번 죽을 때 예수님의 영과 육체가 다 죽었는데 육체는 그대로 죽임을 당하시고 영으로는 살리심을 받았습니다. 아버지께서 예수님의 영을 살리신 이유는 예수님이 아버지 안으로 가셨다가 다시 믿는 자 안으로 오셔야 하기 때문입니다. 그래야 아버지 하나님의 생명을 받은 하나님의 친아들들이 나올 수 있습니다. 하나님 아버지께서는 아들이 아닌 자를 아들이라고 불러만 주시는 분이 아닙니다. 아버지 하나님의 생명을 주셔서 친아들들 얻기를 원하시기 때문에 생명을 믿는 자들에게 나눠주십니다. 이 생명을 받은 자들이 하나님의 아들입니다. 이 생명이 바로 그리스도입니다. 그리스도를 믿는 자들에게 분배하시기 위해 예수님은 십자가에서 자기 몸을 버리셨습니다.

> "내가 그리스도와 함께 십자가에 못 박혔나니 그런즉 이제는 내가 산 것이 아니요 오직 내 안에 그리스도께서 사신 것이라 이제 내가 육체 가운데 사는 것은 나를 사랑하사 나를 위하여 자기 몸을 버리신 하나님의 아들을 믿는 믿음 안에서 사는 것이라" (갈2:20)

십자가에서 자기 몸을 버리신 예수님이 믿는 자들에게 오시려면 반드시 먼저 아버지 안으로 가셔야 합니다. 아버지 안으로 가신 예수님이 아버지 안에서 믿는 자들 안으로 오셔야 믿는 자들이 하나님의 아들들이 될 수 있습니다. 예수님이 아버지 안으로 가실 때에 자기 몸과 육체를 버리셨으므로 예수님의 영혼만 아버지께로 돌아가셨습니다. 그래서 십자가 이후에 하나님은 이위일체(二位一體)로 계십니다.

"예수께서 신 포도주를 받으신 후 가라사대 다 이루었다 하시고 머리를 숙이시고 영혼이 돌아가시니라" (요19:30)
"내가 아버지께로 나와서 세상에 왔고 다시 세상을 떠나 아버지께로 가노라 하시니" (요16:28)
"그 날에는 내가 아버지 안에, 너희가 내 안에, 내가 너희 안에 있는 것을 너희가 알리라" (요14:20)

아버지 안으로 가신 예수님은 이제 다시는 볼 수 없습니다. 영원히 아버지 안에 계십니다. 그래서 예수님의 십자가 죽음 이후에 하나님은 이위일체(二位一體)로 계십니다.

4.
부활하신 예수님은 아버지로 계십니다

아버지 안으로 가신 예수님은 이제 아버지와 함께 아버지 안에 영원히 계시므로 아버지이십니다. 이 말을 예수님이 아버지가 되셨다고 오해하면 안 됩니다. 아버지는 절대로 아들이 될 수 없고 아들도 아버지가 될 수 없습니다. 아버지가 아들을 낳으신 것이고 아들이 십자가에서 죽고 그 영이 아버지께로 곧 아버지 안으로 가신 것입니다.

"이기는 그에게는 내가 내 보좌에 함께 앉게 하여 주기를 내가 이기고 아버지 보좌에 함께 앉은 것과 같이 하리라"(계3:21)

예수님이 아버지 안으로 가신 것에 대해서 사도 요한이 기록한 말씀을 보면 예수님이 이기고 아버지 보좌에 앉으셨다고 했습니다. 그런데 그 보좌가 내 보좌라고 하셨습니다. 하늘에는 예수님의 보좌가 따로 없고 아버지의 보좌만 있습니다. 보좌는 하나님의 주권과 통치하심과 다스리심을 말합니다. 곧 왕권과 왕좌를 말하는 것입니다. 만약 하늘에 보좌가 둘이 있다면 왕이 둘이라는 뜻이 됩니다. 어떤 나라에도 왕이 둘인 경우는 없습니다. 하늘나라도 마찬가지입니다. 오직 부활하신 예수님만이 천상천하에 한 분 하나님이시오, 만왕의 왕이시오, 만주의 주가 되시는 분입니다.

> "5 보좌에 앉으신 이가 가라사대 보라 내가 만물을 새롭게 하노라 하시고 또 가라사대 이 말은 신실하고 참되니 기록하라 하시고 6 또 내게 말씀하시되 이루었도다 나는 알파와 오메가요 처음과 나중이라 내가 생명수 샘물로 목마른 자에게 값없이 주리니 7 이기는 자는 이것들을 유업으로 얻으리라 나는 저의 하나님이 되고 그는 내 아들이 되리라"(계21:5-7)

보좌에 앉으신 이가 이기는 자에게 말씀하시는데 "나는 저의 하나님이 되고 그는 내 아들이 되리라"라고 하셨습니다. 보좌에 앉으신 이가 이기는 자의 아버지가 되신다는 말씀입니다. 보좌에 앉으신 분은 예수님이신데 말씀은 아버지로서 하십니다. 아들이 아버지가 되신 것이 아니지만 아들이 영원히 아버지 안에 계십니다. 부활하신 예수님이 아버지 안으로 가신 것을 알아야 하나님을 한 분으로 믿을 수 있고 아버지로 계신 것도 믿을 수 있습니다.

5.
아버지 안으로 가신 예수님이 믿는 자 안에 그리스도의 영으로 두 번째 오십니다

예수님이 십자가에서 죽기 전에 미리 말씀하셨던 것처럼 십자가에서 죽으심으로 많은 열매를 맺었고 그 열매를 가지고 아버지께로 가셨습니다.

"내가 진실로 진실로 너희에게 이르노니 한 알의 밀이 땅에 떨어져 죽지 아니하면 한 알 그대로 있고 죽으면 많은 열매를 맺느니라"(요12:24)

예수 그리스도라고 할 때 예수는 육체가 있는 사람의 이름을 말하는 것이고 그리스도는 그 속에 있는 생명을 말하는 것입니다. 예수님의 육체는 십자가에서 죽고 다시 살지 못했는데, 영이 살았다고 했습니다. 다시 말하자면 예수는 죽고 그리스도가 산 것입니다. 물론 예수가 그리스도이시고 그리스도가 예수이십니다. 그러나 성경에 예수를 말씀하실 때와 그리스도를 말씀하실 때는 분명한 차이가 있습니다. 예수님이 십자가에 죽어서 많은 열매를 맺었다고 했는데 많은 예수를 열매로 맺은 것이 아니고 많은 그리스도를 열매로 맺은 것입니다. 왜냐하면 예수는 밭이고 그리스도는 씨이기 때문입니다.

"아버지께서 자기 속에 생명이 있음같이 아들에게도 생명을 주어 그 속에 있게 하셨고"(요5:26)

아버지께서 자기 속에 생명이 있음같이 아들에게도 생명을 주어 그 속에 있게 하셨다는 말씀은 예수님 한 분에게만 하신 것이 아닙니다. 모든 믿는 자들에게도 생명을 주셔야 믿는 자들이 하나님의 친아들들이 될 수 있으므로 믿는 자들에게도 하신 말씀입니다. 그래서 과정을 거치신 아버지의 생명인 그리스도를 믿는 자들에게 주셔서 하나님의 아들들이 되게 하시는 것입니다.

"믿음으로 말미암아 그리스도께서 너희 마음에 계시게 하옵시고 너희가 사랑 가운데서 뿌리가 박히고 터가 굳어져서"(엡3:17)
"3 이는 너희가 죽었고 너희 생명이 그리스도와 함께 하나님 안에 감취었음이니라 4 우리 생명이신 그리스도께서 나타나실 그 때에 너희도 그와 함께 영광 중에 나타나리라"(골3:3-4)

믿는 자들의 마음에는 그리스도가 계신다고 했습니다. 그리스도와 함께 죽은 자들에게는 이제 그리스도가 생명이 되신다고 했습니다.

"9 만일 너희 속에 하나님의 영이 거하시면 너희가 육신에 있지 아니하고 영에 있나니 누구든지 그리스도의 영이 없으면 그리스도의 사람이 아니라 10 또 그리스도께서 너희 안에 계시면 몸은 죄로 인하여 죽은 것이나 영은 의를 인하여 산 것이니라"(롬8:9-10)

사람의 생명이 영에 있는 것처럼 예수님의 생명도 영에 있습니다. 예수님의 생명이 바로 그리스도입니다. 예수님의 생명인 그리스도를 믿는 자들에게 주셔서 믿는 자들도 예수들이 되게 하십니다. 그리스도가 믿는 자의 영에 들어오시면 믿는 자의 생명이 되십니다. 그리스도가 믿는 자의 생명이 되시면 믿는 자들이 예수들이 됩니다. 이 일을 이루시기 위해 십자가에서 예수님은 많은 열매를 맺어서 아버지 안으로 가셨고 아버지 안에서 믿는 자들 안으로 두 번째 오십니다. 예수님은 두 번째 오실 때에 공중에 구름 타고 오시는 것이 아닙니다. 믿는 자들 안에 그리스도의 영으로 오십니다. 그리스도의 영으로 오셔서 믿는 자들을 예수들이 되게 하십니다.

6.
그리스도가 영으로 믿는 자들 안에 오실 때 반드시 성령(하나님의 영)이 함께 오십니다

그리스도가 영으로 믿는 자들 안에 오실 때 반드시 하나님의 영이 함께 오십니다.

"9 만일 너희 속에 하나님의 영이 거하시면 너희가 육신에 있지 아니하고 영에 있나니 누구든지 그리스도의 영이 없으면 그리스도의 사람이 아니라 10 또 그리스도께서 너희 안에 계시면 몸은 죄로 인하여 죽은 것이나 영은 의를 인하여 산 것이니라" (롬8:9-10)

그리스도의 영은 아들의 영이고 하나님의 영은 아버지의 영입니다. 믿는 자가 하나님의 아들이 된 것은 아들의 영을 받았기 때문입니다.

"너희가 아들인 고로 하나님이 그 아들의 영을 우리 마음 가운데 보내사 아바 아버지라 부르게 하셨느니라" (갈4:6)

아들의 영을 받아 하나님의 아들이 된 믿는 자에게 성령(하나님의 영)이 같이 오셔서 믿는 자들이 하나님의 자녀가 된 것을 친히 증거하십니다.

"성령이 친히 우리 영으로 더불어 우리가 하나님의 자녀인 것을 증거하시나니"(롬8:16)

성령이 믿는 자 안에 계시므로 '친히'라고 말씀하셨습니다. '우리 영으로 더불어'라고 하신 것은 믿는 자의 영과 그리스도의 영이 하나가 되었기 때문입니다. 성령은 믿는 자 안에서 믿는 자의 영과 그리스도의 영이 하나가 되었으므로 믿는 자가 하나님의 자녀라고 증거하십니다.

"21 우리를 너희와 함께 그리스도 안에서 견고케 하시고 우리에게 기름을 부으신 이는 하나님이시니 22 저가 또한 우리에게 인치시고 보증으로 성령을 우리 마음에 주셨느니라"(고후1:21-22)

믿는 자들에게 기름(그리스도)을 부으시고 또한 인치시고 보증으로 성령을 마음에 주셨습니다. 보증으로 성령을 마음에 주셨기 때문에 성령이 마음에 계시지 않는 자들은 구원받지 못한 자들입니다. 구원을 받았다면 성령은 반드시 믿는 자의 마음에 계셔야 합니다.

"하나님께로서 난 자마다 죄를 짓지 아니하나니 이는 하나님의 씨가 그의 속에 거함이요 저도 범죄치 못하는 것은 하나님께로서 났음이라"(요일3:9)

"너희가 거듭난 것이 썩어질 씨로 된 것이 아니요 썩지 아니할 씨로 된 것이니 하나님의 살아 있고 항상 있는 말씀으로 되었느니라"(벧전1:23)

하나님께로서 난 자들 속에는 하나님의 씨가 거한다고 했습니다. 믿는 자들이 썩지 아니할 씨인 하나님의 살아 있고 항상 있는 말씀으로 거듭났습니다. 믿는 자 안에 들어오신 그리스도가 하나님 아버지의 씨입니다. 아버지가 이 씨를 하나님의 밭인 사람 속에 심으셨습니다. 아버지의 영이신 성령이 믿는 자 안에 오실 때에 아들의 영인 그리스도가 함께 오시고 이때 성령은 씨를 뿌리는 아버지이시고 그리스도는 아버지가 뿌리시는 씨입니다.

"우리는 하나님의 동역자들이요 너희는 하나님의 밭이요 하나님의 집이니라"(고전3:9)

"예수께서 대답하여 가라사대 사람이 나를 사랑하면 내 말을 지키리니 내 아버지께서 저를 사랑하실 것이요 우리가 저에게 와서 거처를 저와 함께 하리라"(요14:23)

예수님을 사랑해서 예수님의 말씀을 지키는 자는 아버지께서 저를 사랑하실 것이며 예수님과 아버지가 함께 오셔서 거처를 저와 함께하신다고 했습니다. 사람이 하나님의 씨가 뿌려지는 하나님의 밭이요, 하나님이 거하시는 집이라고 했습니다. 그리고 예수님이 사람 속에 오실 때 반드시 아버지와 함께 오신다고 했으므로 아버지의 영이신 성령과 아들의 영인 그리스도의 영이 함께 오십니다.

7.
성령이 아버지로서 일위,
믿는 자 안에 오신 그리스도가 일위,
그리스도로 말미암아 하나님의 아들이 된
믿는 자들이 일위가 되어서 믿는 자 속에서
삼위일체가 이루어집니다

하나님은 삼위일체(三位一體)로 계시는 것이 아닙니다. 한 분 하나님이 많은 하나님의 아들들을 얻으시려고 삼위(三位)로 일하시는 것입니다. 성경을 기록한 목적은 믿는 자들이 예수 그리스도의 이름을 힘입어 생명을 얻게 하는 것이라고 말씀하고 있습니다.

> "30 예수께서 제자들 앞에서 이 책에 기록되지 아니한 다른 표적도 많이 행하셨으나 31 오직 이것을 기록함은 너희로 예수께서 하나님의 아들 그리스도이심을 믿게 하려 함이요 또 너희로 믿고 그 이름을 힘입어 생명을 얻게 하려 함이니라" (요20:30-31)
> "도적이 오는 것은 도적질하고 죽이고 멸망시키려는 것뿐이요 내가 온 것은 양으로 생명을 얻게 하고 더 풍성히 얻게 하려는 것이라" (요10:10)

예수님이 오신 목적도 양으로 생명을 얻게 하고 더 풍성히 얻게 하려 하심이라고 했습니다. 하나님 아버지의 생명을 예수 그리스도로 말미암아 믿는 자들에게 분배하심으로 영원한 때 전에 세우신 하나님의 경륜을 이루시는 것입니다.

"3 찬송하리로다 하나님 곧 우리 주 예수 그리스도의 아버지께서 그리스도 안에서 하늘에 속한 모든 신령한 복으로 우리에게 복 주시되 4 곧 창세 전에 그리스도 안에서 우리를 택하사 우리로 사랑 안에서 그 앞에 거룩하고 흠이 없게 하시려고 5 그 기쁘신 뜻대로 우리를 예정하사 예수 그리스도로 말미암아 자기의 아들들이 되게 하셨으니 6 이는 그의 사랑하시는 자 안에서 우리에게 거저 주시는 바 그의 은혜의 영광을 찬미하게 하려는 것이라"(엡1:3-6)

"영생의 소망을 인함이라 이 영생은 거짓이 없으신 하나님이 영원한 때 전부터 약속하신 것인데"(딛1:2)

"하나님이 우리를 구원하사 거룩하신 부르심으로 부르심은 우리의 행위대로 하심이 아니요 오직 자기 뜻과 영원한 때 전부터 그리스도 예수 안에서 우리에게 주신 은혜대로 하심이라"(딤후1:9)

아버지 하나님께서 자기의 생명을 믿는 자들에게 주셔서 하나님의 친아들들이 되게 하시려고 영원한 때 전에 계획을 세우셨습니다. 지음을 받은 것이 하나도 없을 때 곧 창조주이신 여호와 하나님 한 분만 계셨을 때에 예수 그리스도로 말미암아 자기의 생명을 분배하심으로 아들들을 얻으시려고 계획을 세우셨습니다.

"10 하나님의 아들을 믿는 자는 자기 안에 증거가 있고 하나님을 믿지 아니하는 자는 하나님을 거짓말하는 자로 만드나니 이는 하나님께서 그 아들에 관하여 증거하신 증거를 믿지 아니하였음이라 11 또 증거는 이것이니 하나님이 우리에게 영생을 주신 것과 이 생명이 그의 아들 안에 있는 그것이니라 12 아들이 있는 자에게는 생명이 있고 하나님의 아들이 없는 자에게는 생명이 없느니라"(요일5:10-12)

하나님을 믿는 자는 자기 안에 증거가 있다고 했습니다. 그 증거는 하나님이 믿는 자들에게 영생을 주신 것과 이 생명이 그 아들 예수 그리스도 안에 있는 것인데 하나님의 아들이 있는 자에게는 생명이 있고 없는 자에게는 생명이 없다고 했습니다. 하나님이 주신 영생이 아들 안에 있으므로 영생을 얻으려면 예수 그리스도를 얻어야 합니다. 예수 그리스도가 곧 영생입니다.

"또 아는 것은 하나님의 아들이 이르러 우리에게 지각을 주사 우리로 참된 자를 알게 하신 것과 또한 우리가 참된 자 곧 그의 아들 예수 그리스도 안에 있는 것이니 그는 참 하나님이시요 영생이시라" (요일5:20)
"너희가 믿음에 있는가 너희 자신을 시험하고 너희 자신을 확증하라 예수 그리스도께서 너희 안에 계신 줄을 너희가 스스로 알지 못하느냐 그렇지 않으면 너희가 버리운 자니라" (고후13:5)

예수 그리스도께서 자기 안에 계신 것을 스스로 알지 못하면 버리운 자라고 했습니다. 버리운 자라고 말씀하신 것은 구원받지 못한다는 뜻입니다. 예수 그리스도로 말미암지 않고는 아버지 하나님의 생명을 얻을 길이 없다는 말씀입니다. 믿는 자 속에 영생이신 예수 그리스도께서 들어오시기 위한 과정을 성경을 통해 잘 살펴보면 한 분 하나님이 삼위로 일하시므로 자기의 아들들을 얻으시는 하나님의 경륜을 알고 성경대로 하나님을 믿을 수 있습니다.

"16 하나님이 세상을 이처럼 사랑하사 독생자를 주셨으니 이는 저를 믿는 자마다 멸망치 않고 영생을 얻게 하려 하심이니라 17 하나님이 그 아들을 세상에 보내신 것은 세상을 심판하려 하심이 아니요 저로 말미암

아 세상이 구원을 받게 하려 하심이라" (요3:16-17)

하나님이 믿는 자들에게 영생을 주셔서 구원하십니다. 죄의 삯은 사망입니다. 죄로 말미암아 죽을 수밖에 없는 죄인들을 구원하시려고 하나님 아버지의 생명인 영생을 예수 그리스도로 말미암아 주십니다. 죄인들을 사망 가운데서 건져내시는 전체적인 과정이 구원입니다. 이 구원을 이루시기 위해서 하나님 아버지의 생명인 영생을 주십니다. 영생을 주셔서 구원하시는 것입니다. 그러므로 영생과 구원은 따로 있는 것이 아닙니다. 구원받은 사람이 곧 영생 얻은 사람입니다.

"5 예수께서 하나님의 아들이심을 믿는 자가 아니면 세상을 이기는 자가 누구뇨 6 이는 물과 피로 임하신 자니 곧 예수 그리스도시라 물로만 아니요 물과 피로 임하셨고 7 증거하는 이는 성령이시니 성령은 진리니라 8 증거하는 이가 셋이니 성령과 물과 피라 또한 이 셋이 합하여 하나이니라" (요일5:5-8)

세상을 이기는 자는 예수께서 하나님의 아들이심을 믿는 자입니다. 예수께서 하나님의 아들이심을 믿는다는 것은 예수께서 믿는 자 안에 물과 피로 임하심을 믿는 것입니다. 예수께서 물과 피로 임하셨다는 것은 믿는 자 안에 생명으로 임하셨다는 것을 뜻합니다. 그런데 물로만 아니요 물과 피로 임하셨다고 했습니다. 물도 생명이고 피도 생명을 뜻하지만 같은 생명을 뜻하는 물과 피를 구별한 이유가 있습니다.

"물은 예수 그리스도의 부활하심으로 말미암아 이제 너희를 구원하는 표니 곧 세례라 육체의 더러운 것을 제하여 버림이 아니요 오직 선한 양

심이 하나님을 향하여 찾아가는 것이라"(벧전3:21)

"주도 하나이요 믿음도 하나이요 세례도 하나이요"(엡4:5)

"3 무릇 그리스도 예수와 합하여 세례를 받은 우리는 그의 죽으심과 합하여 세례받은 줄을 알지 못하느뇨 4 그러므로 우리가 그의 죽으심과 합하여 세례를 받음으로 그와 함께 장사되었나니 이는 아버지의 영광으로 말미암아 그리스도를 죽은 자 가운데서 살리심과 같이 우리로 또한 새 생명 가운데서 행하게 하려 함이니라"(롬6:3-4)

물은 예수 그리스도의 부활하심으로 말미암아 우리를 구원하는 표 곧 세례입니다. 성경에 세례는 하나입니다. 예수 그리스도의 죽으심과 합하여 믿음으로 받는 세례가 곧 구원받을 수 있는 유일한 세례입니다.

"6 우리가 알거니와 우리 옛 사람이 예수와 함께 십자가에 못 박힌 것은 죄의 몸이 멸하여 다시는 우리가 죄에게 종 노릇 하지 아니하려 함이니 7 이는 죽은 자가 죄에서 벗어나 의롭다 하심을 얻었음이니라 8 만일 우리가 그리스도와 함께 죽었으면 또한 그와 함께 살 줄을 믿노니"(롬6:6-8)

믿음으로 이 세례를 받아야 하는 이유는 새 생명 가운데서 살기 위함입니다. 새 생명이 믿는 자 안에 들어오시는 그리스도입니다. 그리스도와 함께 죽었다고 믿는 자들에게만 그리스도께서 들어오십니다. 그리스도와 함께 죽은 자만 그리스도와 함께 살 수 있기 때문입니다.

"내가 주는 물을 먹는 자는 영원히 목마르지 아니하리니 나의 주는 물은 그 속에서 영생하도록 솟아나는 샘물이 되리라"(요4:14)

예수님이 주시는 물은 믿는 자 속에서 영생하도록 솟아나는 샘물이 된다고 했습니다. 사람의 생존에 필수적인 것 중 하나가 물입니다. 물이 없이는 사람이 살 수 없는 것처럼 그리스도가 없이는 사람이 살 수 없다는 뜻입니다. 그래서 물은 믿는 자들이 이 땅에서 하늘의 삶을 살게 하도록 유지시켜 주는 생명입니다. 그리스도께서 믿는 자 안에서 생명수 샘물이 되신다는 뜻입니다.

"우리가 그리스도 안에서 그의 은혜의 풍성함을 따라 그의 피로 말미암아 구속 곧 죄 사함을 받았으니" (엡1:7)
"염소와 송아지의 피로 아니하고 오직 자기 피로 영원한 속죄를 이루사 단번에 성소에 들어가셨느니라" (히9:12)

우리가 예수 그리스도의 피로 말미암아 구속 곧 죄 사함을 얻었습니다. 짐승의 피로는 영원한 속죄를 이룰 수가 없었으므로 예수 그리스도의 피로 영원한 속죄를 이루사 단번에 성소에 들어가셨습니다. 피는 곧 죄 사함입니다.

"모든 생물은 그 피가 생명과 일체라 그러므로 내가 이스라엘 자손에게 이르기를 너희는 어느 육체의 피든지 먹지 말라 하였나니 모든 육체의 생명은 그 피인즉 무릇 피를 먹는 자는 끊쳐지리라" (레17:14)
"예수께서 이르시되 내가 진실로 진실로 너희에게 이르노니 인자의 살을 먹지 아니하고 인자의 피를 마시지 아니하면 너희 속에 생명이 없느니라" (요6:53)

모든 생물은 그 피가 생명과 일체라고 했습니다. 믿는 자들이 생명을 얻기 위해서는 예수님의 피를 마시라고 했습니다. 피로 임하신 예수 그리스도는 믿는 자의 안에서 믿는 자의 생명이 되신다는 뜻입니다. 믿는 자 안에 피로 임하신 예수 그리스도는 믿는 자를 하나님의 아들이 되게 하시는 생명입니다.

"3 이는 너희가 죽었고 너희 생명이 그리스도와 함께 하나님 안에 감취었음이니라 4 우리 생명이신 그리스도께서 나타나실 그 때에 너희도 그와 함께 영광 중에 나타나리라" (골3:3-4)

피로 임하신 예수님은 믿는 자의 생명이 되셔서 믿는 자를 하나님의 아들이 되게 하십니다. 물로 임하신 예수님은 믿는 자가 하나님의 아들로서의 삶을 살 수 있도록 믿는 자 안에서 영생하도록 솟아나는 샘물이 되십니다. 그리스도가 믿는 자 안에 두 번 임하신다는 것이 아니라 생명이 되시고 또 생명을 유지하도록 하신다는 뜻입니다.

"증거하는 이는 성령이시니 성령은 진리니라" (요일5:7)
"성령이 친히 우리 영으로 더불어 우리가 하나님의 자녀인 것을 증거하시나니" (롬8:16)

믿는 자 안에서 이 모든 일을 증거하는 이가 성령이십니다. 믿는 자가 그리스도의 영으로 말미암아 하나님의 아들이 되었다는 것을 성령이 믿는 자 안에서 증거하시는 것입니다.

"증거하는 이가 셋이니 성령과 물과 피라 또한 이 셋이 합하여 하나이니라" (요일5:8)

믿는 자 속에서 증거하는 이가 셋이니 성령과 물과 피라고 했는데 이 셋이 합하여 하나라고 했습니다. 아버지로서 성령이 믿는 자가 하나님의 아들이라고 증거하시고 그리스도의 영이 믿는 자와 하나가 되었으므로 믿는 자 안에서 믿는 자가 하나님의 아들이라고 증거하시고 그리스도가 믿는 자의 생명이 되셨으므로 믿는 자가 "내가 하나님의 아들"이라고 증거하는 것입니다. 그런데 이 모든 일이 믿는 자 안에서 이루어지므로 셋이 합하여 하나라고 말씀하신 것입니다. 그래서 이제 믿는 자 안에는 성령이 아버지로서 일위(一位)가 되시고 믿는 자 안에 들어오신 그리스도가 아들로서 일위(一位)가 되시고 그리스도로 말미암아 하나님의 아들이 된 믿는 자가 일위(一位)가 되어서 믿는 자 안에서 삼위일체(三位一體)가 이루어지는 것입니다. 하나님이 삼위일체(三位一體)로 계시는 것이 아니라 한 분 하나님이 삼위로 일하셔서 하나님의 생명을 분배(分配)하시므로 많은 하나님의 아들들을 얻으시는 것입니다. 이것이 영원한 때 전에 세우신 하나님의 경륜(經綸)입니다.

부록

아타나시우스의
삼위일체 신조 44

아타나시우스의 존재론적 삼위일체의 44개 신조대로 하나님을 믿으면 입으로는 하나님이 한 분이라고 말하지만 마음속으로는 성부와 성자와 성령이 각각 존재하시는 세 분 하나님들을 믿게 됩니다. 성경에는 예수 그리스도로 말미암아 영생을 얻는 것이 아버지의 뜻이라고 말씀하고 있는데 아타나시우스의 존재론적 삼위일체의 44개 신조에는 하나님 아버지의 생명을 얻어야 한다는 내용이 단 한 번도 나오지 않습니다. 이 신조대로 하나님을 믿는다면 단 한 사람도 구원을 받을 수가 없고 마귀의 자식이 되어 불과 유황으로 타는 못(곧 둘째 사망)에 들어가서 영원히 살게 됩니다.

1. 누구든지 구원을 받고자 하는 사람은 모든 것 이전에 먼저 이 신앙을 소유해야 한다.
2. 이 모든 신앙의 내용을 온전히 이루지 못하는 사람들은 영원토록 멸망을 받을 것이다.
3. 이 신앙은 다음의 것들이다. 우리는 삼위일체 되신 한 분 하나님을 믿는다.

4. 이 삼위일체는 인격을 혼합한 것도 아니요, 그 본질을 나눈 것도 아니다.
5. 왜냐하면 아버지의 한 인격과 아들의 다른 인격, 또한 성령의 또 다른 인격이 계시기 때문이다.
6. 그러나 성부와 성자와 성령의 머리되심은 모두가 다 하나요, 그 영광도 동일하며, 그 위엄도 함께 영원한 것이다.
7. 성부와 성자와 성령은 그 자체로 존재한다.
8. 성부와 성자와 성령은 결코 창조되지 않았다.
9. 성부와 성자와 성령은 우리의 이해를 초월한 분이시다.
10. 성부와 성자와 성령은 영원한 분이시다.
11. 그러나 세 분이 영원한 분들이 아니며 다만 영원한 한 분만이 계실 따름이다.
12. 창조되지도 않았고 우리의 이해를 초월한 세 분이 있는 것이 아니라 창조되지도 않았고 인간의 이해를 초월한 단 한 분만이 계실 뿐이다.
13. 성부께서 전능하시듯이 성자와 성령도 전능하시다.
14. 그러나 세 분의 전능자가 계신 것이 아니요, 오직 한 분의 전능자가 계실 뿐이다.
15. 성부가 하나님이시듯이 성자도 성령도 하나님이시다.
16. 그럼에도 세 분 하나님이 계신 것이 아니라 한 분 하나님만이 계실 뿐이다.
17. 성부께서 주님이시듯이 성자도 성령도 주님이시다.
18. 그럼에도 주님은 세 분이 아니라 한 분이실 뿐이다.
19. 우리는 이 각각의 세 분이 그 스스로 하나님이시요, 주님이시라는 사실을 기독교의 진리로 받는 바이다.
20. 따라서 세 분 하나님이 계시며 세 분 주님이 계시다는 말은 참 기독

교인으로서 금한다.
21. 성부는 그 무엇에서 만들어지거나 창조되거나 유래된 분이 아니다.
22. 성자는 성부에게서 왔으나 지음을 받았거나 유래된 분이 아니다.
23. 성령은 성부와 성자에게서 왔으나 지음을 받았거나 유래되었거나 발생된 분이 아니시다.
24. 따라서 세 분 성부가 아닌 한 성부, 세 분 성자가 아닌 한 성자, 세 분 성령이 아닌 한 성령만이 계실 뿐이다.
25. 이 삼위일체에 있어서 어느 한 분이 앞서거나 뒤에 계신 것이 아니며, 더 위대하거나 덜 위대한 분도 없다.
26. 다만 세 분이 함께 동등하다는 것이다.
27. 따라서 앞에 말한 대로 이 모든 것에서 세 분이면서도 한 분으로 통일을 이루는 삼위일체께서 경배를 받으셔야 할 것이다.
28. 그러므로 구원받을 사람들은 삼위일체에 대하여 생각해야만 한다.
29. 더 나아가 영원한 구원을 얻는 데에는 우리 주 예수 그리스도의 성육에 대하여 올바로 믿어야 한다.
30. 올바른 믿음이란 하나님의 아들이신 우리 주 예수 그리스도께서는 하나님이시요, 동시에 인간이라는 사실을 믿고 고백하는 것이다.
31. 그는 성부의 본체이시며 이 세상이 생겨나기 전에 나신 자요, 동시에 그 어머니의 본질을 갖고 이 세상에 나신 분이시다.
32. 완전한 하나님이시요, 또한 완전한 인간으로서 영혼과 육신을 갖고 계신 분이시다.
33. 하나님 되심에 있어서는 성부와 동등되나 그의 인간되심에 있어서는 성부보다 낮으신 분이시다.
34. 비록 그는 하나님이시며 인간이 되시긴 하나 두 분이 아니요, 한 분 그리스도일 뿐이다.

35. 그리스도는 하나님의 머리 되심이 육신으로 전환된 것이 아니라 인간의 몸을 취한 하나님이신 분이시다.
36. 그리스도는 그 본질이 혼합된 분이 아니라 인격의 통일성으로 하나 되신 분이시다.
37. 한 인간이 영혼과 육신을 가졌듯이 한 그리스도께서는 하나님이시요, 동시에 인간이 되신다.
38. 그분은 우리를 위해 고난받으시고 음부에 내려가셨다가 삼일 만에 죽은 자 가운데서 다시 사셨다.
39. 그는 하늘에 오르사 전능하신 하나님, 곧 성부의 오른편에 앉아계시며
40. 거기로서 산 자와 죽은 자를 심판하러 오실 것이다.
41. 그가 오실 때에 만민은 육체로 다시 일으킴을 받으며,
42. 자신들의 행위에 따라 판단을 받을 것이다.
43. 그리고 선한 일을 행한 자는 영생으로 나가고 악을 행한 자는 영원한 불에 들어갈 것이다.
44. 이것이 교회의 참 신앙이며, 이를 신실하게 믿지 않는 자는 구원을 얻지 못하는 것이다.

사람이 하나님이 되는
신조 68

　사람이 하나님들이 되게 하는 68개의 신조대로 하나님을 믿으면 예수 그리스도만이 천상천하에 한 분 하나님이시라는 것을 확실하게 알고 믿으므로 예수 그리스도로 말미암아 믿는 자들이 하나님들이 되어서 하나님의 말씀대로 믿는 자들 속에 하나님의 나라가 이루어지고 육체를 입고 사는 동안 하나님의 모든 말씀을 이루어 드리는 하나님의 후사가 되어 하나님이 약속하신 유업을 다 받아 누리는 거룩한 하나님의 아들들이 다 될 수 있습니다.

1. 하나님은 한 분이십니다.(신6:4, 엡4:5-6)
2. 아버지가 하나님이시기 때문에 하나님은 한 분이시고 그 생명도 하나입니다.(고전8:6)
3. 여호와 하나님은 사람의 형체를 하고 계십니다.(창1:26-27)
4. 여호와 하나님 아버지 속에 있는 생명을 하나님이라고 합니다.
5. 여호와 하나님 아버지는 한 분이시지만 하나님은 많습니다.(시82:1)
6. 하나님은 한 분이시지만 또 하나님이 많은 이유는 하나님의 생명을 분배받은 존재는 다 하나님이 되기 때문입니다.(요10:34-35)

7. 여호와 아버지가 하나님이십니다.(말2:10)

8. 아들 예수 그리스도가 하나님입니다.(딛2:13)

9. 성령이 하나님입니다.(행5:3-4)

10. 말씀이 하나님입니다.(요1:1)

11. 말씀을 받은 사람들이 하나님들이 됩니다.(요10:35)

12. 하나님이라고 할 때는 아버지와 아들과 성령을 포함한 분을 지칭합니다.

13. 한 분 하나님이 하나님의 아들이 되고 아내가 되고 또 아들들이 되는 것이 기독교입니다.

14. 영원히 배반과 반역이 없는 하나님의 나라를 세우기 위하여 하나님이 하나님의 아들이 되셨습니다.(사9:6)

15. 자기가 자기를 배반하지 않기 때문에 하나님이 하나님의 아들이 되셨습니다.

16. 하나님이 지으신 천사가 하나님을 배반해서 사단 곧 마귀가 되었습니다.(겔28:15)

17. 천사는 하나님의 생명으로 낳지 않았기 때문에 하나님을 배반했습니다.(사14:14)

18. 한 분 하나님 아버지께서 예수 그리스도로 말미암아 생명을 분배하시어 많은 하나님의 아들들을 얻으시는 것이 하나님의 경륜입니다.(엡1:3-5)

19. 일위일체로 계신 한 분 하나님이 많은 아들들을 얻으시기 위하여 '그'로 일하십니다.(사41:4)

20. 한 분 하나님이 아버지와 아들과 성령으로 일하실 때 '그'로 일하십니다.

21. 처음이요, 마지막이신 분이 일하실 때 '그'로 일하십니다.(사48:12,

계1:17-18)

22. 예수님이 자신을 '그'라고 할 때는 여호와로 말미암은 여호와가 아닌 여호와를 말합니다.(요8:24)

23. 많은 하나님의 아들들을 얻으시려고 예수님께서 '그'로서 일하십니다.(요13:19)

24. 증인과 종들을 택하신 것은 여호와께서 '그'로서 일하심을 깨닫게 하려 함입니다.(사43:10)

25. 여호와도 '그'요, 아들 예수도 '그'요, 성령도 '그'이십니다.(사41:4, 요8:24, 요16:13-14)

26. 예수님이 '그'로서 일하심으로 말미암아 하나님의 아들이 된 자도 '그'입니다.(요일3:2-3)

27. 아버지와 아들과 성령은 영원부터 영원까지 아버지 안에 하나로 계십니다.

28. 예수 그리스도는 아버지의 생명을 받아 하나님의 아들이 되셨습니다.(요5:26)

29. 예수 그리스도는 하나님의 본체가 직접 오셔서 육신을 입으시고 하나님의 아들이 되셨습니다.(빌2:5-6)

30. 예수님이 육신이 되셨을 때 아버지는 예수님 안에 영체로 계시기 때문에 예수님 한 분 안에서 아버지와 아들로 계십니다.(요14:10-11)

31. 한 분 예수 그리스도 안에서 아버지는 영체로 예수님은 육체로 성령은 생명으로 계십니다.

32. 하나님 아버지 속에 있는 생명이 생각을 통하여 입으로 말씀하시면 이것이 말씀입니다.

33. 말씀하신 것을 이루시기 위해 아버지 속에 있는 생명이 활동을 하시면 이것이 성령입니다.

34. 아버지와 아들은 형체가 있으나 성령과 말씀은 형체가 없습니다.
35. 영체로서 사람의 형체를 하고 계시는 여호와 하나님께서 육체를 입으시고 육신 안에서 아들이 되신 것은 많은 아들들을 얻기 위한 씨를 만들기 위함입니다.(요12:24)
36. 그리스도는 하나님 아버지의 생명에 사람이신 예수의 생명이 더해진 하나님의 씨입니다.
37. 예수 그리스도는 십자가에서 몸을 버리시고 아버지 속으로 가셨기 때문에 이제는 아버지로 계십니다.(갈2:20, 요14:20)
38. 몸을 영원히 버리신 하나님의 아들 예수 그리스도를 믿어야 사람이 하나님의 아들이 될 수 있습니다.(갈2:20)
39. 초림하신 예수 그리스도는 온 세상의 죄를 짊어지시고 죽으셨습니다.(요1:29, 요일2:2)
40. 영이신 아버지는 죽을 수가 없기 때문에 육체를 입으신 예수 그리스도께서 십자가에서 피를 흘리고 죽으셨습니다.(골1:22)
41. 아버지는 죽을 수 없는 분이기 때문에 예수님께서 십자가에서 죽으실 때 예수님 속에서 나와서 원래 아버지의 보좌로 가시고 예수님은 아버지 속으로 가십니다.(요14:20, 16:28)
42. 사람이 하나님의 씨를 받아 하나님의 아들이 되려면 반드시 그리스도와 함께 죽었다고 믿어야 합니다.(갈2:20)
43. 부활하신 예수님은 하나님 우편으로 가셨는데 권능과 위엄의 우편인 아버지 하나님 속으로 가셨습니다.(마26:64, 히1:3)
44. 예수님이 이기고 예수님의 보좌에 앉으신 것이 아니라 아버지의 보좌에 앉으셨는데 예수님은 그 보좌를 내 보좌라고 하셨습니다.(계3:21)
45. 하늘의 보좌는 하나밖에 없기 때문에 보좌에 앉으신 분이 천상천하에 유일하신 한 분 하나님입니다.(계21:5-7)

46. 몸의 부활을 믿고 전하는 것이 기독교입니다.(행17:18)
47. 예수님은 십자가에서 죽으실 때 영혼와 몸과 육체가 다 죽었습니다.(사53:12, 골1:22)
48. 아버지께서 십자가에서 죽으신 예수님의 영을 살리셔서 그 영이 아버지 속으로 가셨습니다.(벧전3:18, 롬1:4)
49. 몸을 버리시고 아버지 속으로 가신 예수 그리스도의 영혼이 믿는 사람 속에 들어가 믿는 사람의 몸을 얻는 것이 예수님의 몸의 부활입니다.
50. 그리스도께서 믿는 자의 몸을 얻으면 믿는 자의 몸이 그리스도의 몸이 됩니다.(고전12:27)
51. 성경에서 말하는 죽은 자는 육체를 살아있으나 속에 산 자이신 하나님이 없는 자들입니다.(마8:21-22, 딤전5:6)
52. 예수께서 죽은 자 가운데서 다시 사셨다는 것은 육체가 죽은 사람들 중에서 예수님만 살아나셨다는 것이 아니라 속에 산 자이신 하나님이 없는 자들 속에서 사셨다는 것입니다.(고전15:20)
53. 그리스도께서 죽은 자 가운데서 다시 살 때 그 죽은 자가 산 자가 되어 하나님의 아들이 되고 이것이 예수 그리스도의 재림이며 구원입니다.(히9:28)
54. 사람은 부활이 아니고 예수 그리스도가 부활입니다.(요11:25)
55. 사람은 반드시 부활이신 예수 그리스도와 연합해야만 부활할 수 있습니다.(롬6:5, 6:8)
56. 예수 그리스도의 부활은 초림하신 예수님 한 분에게만 국한된 것이 아니라 믿는 모든 자들이 예수 그리스도로 말미암아 부활해야 하기 때문에 지금도 계속 이루어지고 있습니다.
57. 예수 그리스도는 죽은 자 가운데서 부활하심으로 말미암아 우리를

거듭나게 하십니다.(벧전1:3)

58. 믿는 자들이 하나님의 살아있고 항상 있는 말씀으로 거듭납니다.(벧전1:23)

59. 믿는 자들이 성령으로 거듭나지 아니하면 하나님의 나라를 볼 수 없습니다.(요3:3-5)

60. 그러므로 부활과 말씀과 성령은 하나입니다.

61. 아버지의 생명이신 성령이 사람이신 예수 안에 들어가서 예수님과 하나 된 생명이 그리스도인데 이 그리스도의 영을 믿는 자들에게 주시므로 믿는 자들이 하나님의 아들이 되고 구원을 받습니다.(롬8:9-10)

62. 성령과 하나님의 영은 아버지의 영이고 그리스도의 영과 예수의 영은 아들의 영입니다.

63. 믿는 자가 그리스도의 영을 받아서 하나님의 아들이 되었다면 반드시 성령을 보증으로 믿는 자의 마음에 주시기 때문에 그리스도의 영과 성령은 함께 믿는 자 속으로 오십니다.(행2:38, 고후1:21-22, 요14:23)

64. 예수님과 믿는 자들은 한 아버지에게서 나왔기 때문에 형제가 됩니다.(히2:11)

65. 예수님은 외아들이 아니라 많은 형제 중에서 맏아들이 되셨습니다.

66. 예수 그리스도가 육체로 부활하셔서 공중으로 재림한다고 믿는 자들은 다 가짜입니다.

67. 예수 그리스도로 말미암아 그리스도 예수가 된 자들이 영원히 배반과 반역이 없는 하나님의 나라를 이룹니다.(눅17:20-21, 계5:9-10)

68. 일위일체로 계신 한 분 하나님이 많은 하나님의 아들들을 얻기 위하여 삼위로 일하심을 믿지 않으면 단 한 사람도 하나님의 아들이 될 수 없습니다.

주 예수님으로 말미암아
믿는 자들이 주 예수들이 되는 집회안내

이 집회에 참석하시면 주 예수님만이 천상천하에 유일하신 한 분 하나님이심을 바로 알게 되므로 믿는 자들이 주 예수님으로 말미암아 하나님의 아들들이 되어 이 땅에서 천국의 기쁨을 누리고 사는 자들이 될 수 있습니다.

† 집회 일정

- 서울 – 목회자 · 평신도 성장반
    - 매월 첫째, 둘째, 넷째 주 월요일부터 수요일까지
    - 매월 다섯째 주가 있는 달은 특별 성장반 집회

- 서울 – 목회자 · 평신도 특별반
    - 매월 셋째 주 월요일부터 수요일까지

    ※ 특별반 집회를 수료하신 분들만 성장반 집회를 참석하실 수 있습니다.

† 집회 시간

첫째 날 : 오전 10시부터 오후 5시까지

둘째 날 : 오전 10시부터 오후 5시까지

셋째 날 : 오전 10시부터 오후 4시까지

† 장소

대한예수교 장로회 서울주안교회

서울 구로구 구로중앙로28다길 13

교회(☎) 02-853-0175, 02-862-3053

† 참가대상

목사, 사모, 전도사, 신학생, 평신도(참가비 전원 무료)

† 신청

전화로 신청하십시오

홈페이지: http://www.juyea.net

다음카페 ; https://cafe.daum.net/juyeba

YouTube에서 〈주안교회〉를 검색하세요!

사단법인 영원한복음총회
설립목적

본 법인은 신, 구약 성경으로 신앙고백을 같이 하며 하나님의 말씀대로 세상의 빛과 소금으로서 제 역할과 소명을 다하기 위해 교파를 초월하여 모인 목회자들과 동역자들이 사업을 공동으로 연구, 협의, 시행하는 것을 목적으로 한다.

† 사단법인 영원한복음총회 사업내용

교회의 제 모습을 찾기 위한 초 교파적인 복음전파와 선교사업

목회자의 자질 향상을 위한 신학연구사업

선교를 위한 출판과 홍보사업

그 밖에 법인 목적 달성을 위해 필요한 사업

홈페이지 www.eggassy.org

법인설립허가증

제2021-광주광역시-3호

비영리법인 설립허가증

1. 법 인 명 칭 : 사단법인 영원한복음총회

2. 소 재 지 : 광주광역시 남구 수박등로 70(월산동)

3. 대 표 자
   ○ 성   명: 주 성 대
   ○ 생년월일: 1969. 02. 24.
   ○ 주   소: 광주광역시 남구 수박등로 70(월산동)

4. 사업내용
   ○ 교회의 제 모습을 찾기 위한 초교파적인 복음전파와 선교사업
   ○ 목회자의 자질 향상을 위한 신학연구사업
   ○ 선교를 위한 출판과 홍보사업
   ○ 그 밖에 법인 목적 달성을 위해 필요한 사업

5. 허가 조건 : 준수사항 참조

「민법」 제32조 및 「문화체육관광부 및 문화재청 소관 비영리법인의 설립 및 감독에 관한 규칙」 제4조에 따라 위와 같이 법인 설립을 허가합니다.

※ 최초허가일: 2021. 4. 15.

2021년 4월 15일

광 주 광 역 시

- 1 -

후원계좌 안내

"성경대로 하나님을 알지 못하면 절대로 구원받을 수 없고 하나님의 아들이 될 수 없습니다. 지금 모든 교회가 아타나시우스의 삼위일체 교리의 영향을 받아서 한 분이신 하나님을 세 분으로 잘못 믿고 있습니다. 이 책은 성경에 있지만 봉함되어 있기 때문에 전해지지 못했던 생명 얻는 길을 모든 기독교인들에게 전하기 위하여 기부금을 재원으로 자비 출판하고 있습니다. 하나님께서 주시는 대로 계속해서 책을 만들어 출판할 계획입니다. 이 뜻에 동참하고자 원하시는 분은 아래의 계좌를 이용해주시면 감사하겠습니다."

농　협 : 301-0291-5304-11　　　예금주 : 사단법인 영원한복음총회

하나님은
한 분이시다

초판 1쇄 발행 2023. 11. 16.

지은이 주종철, 주성대
펴낸이 김병호
펴낸곳 주식회사 바른북스

편집진행 황금주
디자인 배연수

등록 2019년 4월 3일 제2019-000040호
주소 서울시 성동구 연무장5길 9-16, 301호 (성수동2가, 블루스톤타워)
대표전화 070-7857-9719 | **경영지원** 02-3409-9719 | **팩스** 070-7610-9820

•바른북스는 여러분의 다양한 아이디어와 원고 투고를 설레는 마음으로 기다리고 있습니다.
이메일 barunbooks21@naver.com | **원고투고** barunbooks21@naver.com
홈페이지 www.barunbooks.com | **공식 블로그** blog.naver.com/barunbooks7
공식 포스트 post.naver.com/barunbooks7 | **페이스북** facebook.com/barunbooks7

ⓒ 주종철, 주성대, 2023
ISBN 979-11-93341-84-1 03230

•파본이나 잘못된 책은 구입하신 곳에서 교환해드립니다.
•이 책은 저작권법에 따라 보호를 받는 저작물이므로 무단전재 및 복제를 금지하며,
 이 책 내용의 전부 및 일부를 이용하려면 반드시 저작권자와 도서출판 바른북스의 서면동의를 받아야 합니다.